TRANSPARENZ Wald-Edition

1.000
Apfelkerne im Herbst ausgesät

500
Eicheln illegal ausgebracht

17.600
insgesamt gepflanzte Bäume 2024

400
Bäume in der Baumschule

davon 50
Apfelbäume

50
Baumspenden von euch

20.000
Bäume gepflanzt seit KATAPULT-Gründung (ungefähr)

5.000
davon illegal

25
gepflanzte KATAPULT-Äpfel

Wie wir unseren eigenen Apfel gezüchtet haben

Im Grunde ganz einfach. Auf unserem Grundstück wachsen einige Apfelbäume aus Apfelkernen. Ob die Äpfel später schmecken, wissen wir noch nicht. Es dauert noch ein paar Jahre, bis die Bäume Früchte tragen. Aber wir wenden hier einen listigen Trick an, um nicht acht bis zehn Jahre auf einen nichtschmeckenden Apfel zu warten. Wir veredeln unseren kleinen Baum mit dem Ast eines schmeckenden Apfelbaums. Genial, oder? Das ist nicht mal schwer. Wir schneiden die beiden an einer gleich dicken Stelle durch und legen die „Wunden" aufeinander. Dort wachsen sie zusammen und bilden einen neuen Baum. Die Wurzel ist unser Baum, aber die Früchte werden unsere Lieblingsäpfel sein. Lecker.

AfD-Wahlprogramm verbreiten

„Vielleicht ist die AfD ja gar nicht so gefährlich", sagt Toni zu mir.

Ich bin baff und erstarre zu einer Plastik. Genauer geschrieben stehe ich da wie eine Klobürste. Unsere Demokratie hat offensichtlich was Braunes am Schuh, aber manche Leute sehen das nicht. Ich bin immer noch klobürstengeschockt. Das mit Toni hab ich einfach nicht kommen sehen. Gute Freunde können sowas vielleicht sagen, aber denken dürfen sie es nicht.

Was also machen? Laut „DOCH" schreien? Das ist kein Argument. Eine lange Erklärung liefern? Das würde Toni bestimmt zu belehrend finden. Was, wenn die AfD selbst zeigt, wie gefährlich sie ist? Dann kann Toni selbst entscheiden. Das finde ich gut. Selbst erkennen ist nachhaltiger als lange Belehrungen. Ich sammle also Aussagen von AfD-Leuten:

1. „Ich wünsche mir so sehr einen Bürgerkrieg und Millionen Tote. Frauen, Kinder. Mir egal. (...) Es wäre so schön. Ich will auf Leichen pissen und auf Gräbern tanzen. SIEG HEIL!" Marcel Grauf, AfD
2. „Auf der Stelle erschießen, dann wird sich das ganz schnell legen." Dieter Görnert, AfD
3. „Das große Problem ist, dass man Hitler als das absolut Böse darstellt." Björn Höcke, AfD

Das ist Menschenverachtung, wie wir sie uns vor 15 Jahren nur von der NPD hätten vorstellen können. Ich sammle insgesamt 40 solcher Zitate von der AfD und schicke sie Toni. Es ist sozusagen **„Das echte AfD-Wahlprogramm"**. Und dann bin ich erneut baff von Toni: „Hallo Benni, ich ziehe meine AfD-Aussage zurück. Diese Liste müssten eigentlich alle vor der Wahl lesen!"
Das wars? Das hat gereicht? Ich bin jetzt noch viel überzeugter davon, dass das reine Aufzeigen dieser 40 Zitate die beste Möglichkeit ist, die Gefahr der AfD deutlich zu machen. Sie verrät sich selbst und niemand kann später sagen, er hätte von nichts gewusst. Diese Zitate sind weder Ausnahmen noch Aussagen von Hinterbänklern. Das *ist* die AfD.

Toni hat recht. Diese Zitatsammlung muss alle erreichen, die wählen dürfen. Und alle anderen auch. Im Februar ist Bundestagswahl. Aktuellen Umfragen zufolge wird die AfD ihr Ergebnis fast verdoppeln. Für ein Land mit solch einer Geschichte wie der des Dritten Reichs wiegt das umso schwerer. Die AfD ist eine Schande für Deutschland.

Bereits jetzt verlassen die ersten Menschen das Land. Juden, Homosexuelle und andere queere Leute – manche fliehen vor dem neuen, erstarkenden rechtsextremen Zeitgeist. Lasst uns deshalb den Wählenden mithilfe der AfD zeigen, wer die AfD wirklich ist. Keine Erklärungen nötig. Sie verrät doch alles selbst. Wer das echte Wahlprogramm der AfD mit den 40 menschenfeindlichen Zitaten liest, muss mindestens ein mulmiges Gefühl bekommen und hoffentlich eine andere Partei wählen.

Wir haben das „echte AfD-Wahlprogramm" dieser Ausgabe beigelegt. Gebt es einer Person, von der ihr denkt, es könnte was bewirken. Wir haben erste Exemplare gedruckt und euch jeweils eins beigelegt. Das reicht aber natürlich nicht für eine Bundestagswahl. Wir bräuchten eher mehrere Millionen, damit eine wirksame Verbreitung vor der Wahl stattfindet und jeder Briefkasten, Flur, Bahnsitz damit zugepflastert wird. Kleistert die Universitäten damit zu und klebt es an die AfD-Parteizentralen.

Wir machen es so wie bei unserer Landtagswahlaktion im Sommer: Für jeden Euro, den ihr spendet, drucken wir ein Exemplar des echten AfD-Wahlprogramms und schicken es anschließend per Post an alle Abonnierenden. Hier gehts lang: **katapult-deutschland.de**

Werdet aktiv. Macht mit. Tretet in Parteien ein, solange es noch geht. Geht protestieren. Sagt laut „NEIN", wenn die AfD Menschenfeindlichkeit auspackt. Helft beim Spenden und Verteilen der echten Wahlprogramme. Die ersten 500.000 Exemplare haben wir vorgeschossen, weil wir finden, dass das wichtig ist. Lasst uns Tausende Toni-Geschichten produzieren. Spenden, drucken, verteilen – so viel, wie es nur geht. Ich bin überzeugt, dass es wirkt. Und selbst wenn ich es nicht wäre, würde ich es trotzdem machen!

Weil es das Richtige ist.

BENJAMIN FREDRICH
HERAUSGEBER

Weltherrschaft Chiles

Alles für den Wald!

Shop-Aktion!

1× Baumquartett

Auf welchem Baum lassen sich die besten Baumhäuser bauen? Welche Art wird mehr als dreitausend Jahre alt?

1× Wie man illegal einen Wald pflanzt

Einen Wald pflanzen ist kompliziert und teuer? Auf keinen Fall! Wir zeigen, wie man mit etwas Zeit und Handarbeit einen Wald ohne Geld und ohne eigenes Grundstück pflanzt – legal oder illegal, aber auf jeden Fall zu Recht!

1× Wald-KNICKER

Wieso dealen Terroristen mit Holz? Die Antwort auf diese und viele weitere Fragen, dazu ein rieeesiges A1-Poster über Wälder – alles in diesem KNICKER.

mit Poster!

zusammen nur

~~32,90 €~~

22,90 €

KATAPULT hat nie wieder Birnensorgen!

Abseits von Magazine produzieren, Finanzen zusammenhalten und dem Bauamt erklären, wo eigentlich die Pergola und unsere neue Feuerstelle herkommen, haben wir endlich ein lange verfolgtes strategisches Ziel erreicht. Andreas, unser Waldwart, hat uns letzte Woche ganz stolz unsere neun Birnensorten präsentiert. Auf unserem Grundstück wachsen nun:

- 1× Williams Christbirne
- 1× Josephine von Mecheln
- 1× Gellerts Butterbirne
- 1× Doppelte Philippsbirne
- 1× Champagner-Bratbirne
- 1× Köstliche von Charneux
- 1× Schweizerhose
- 1× Clapps Liebling
- 1× Conference

INHALT

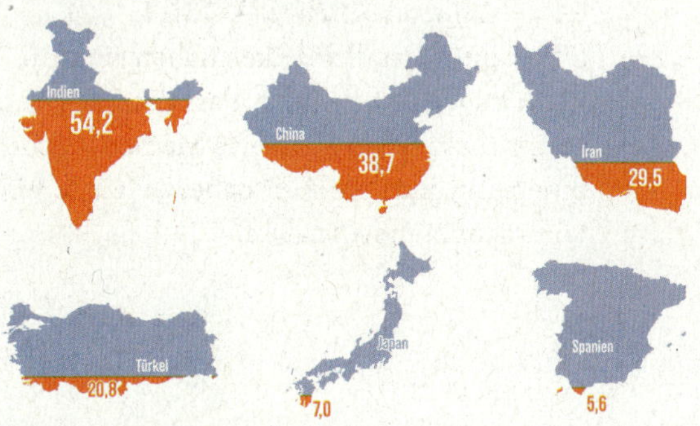

Indien
54,2
China
38,7
Iran
29,5
Türkei
20,8
Japan
7,0
Spanien
5,6

1800

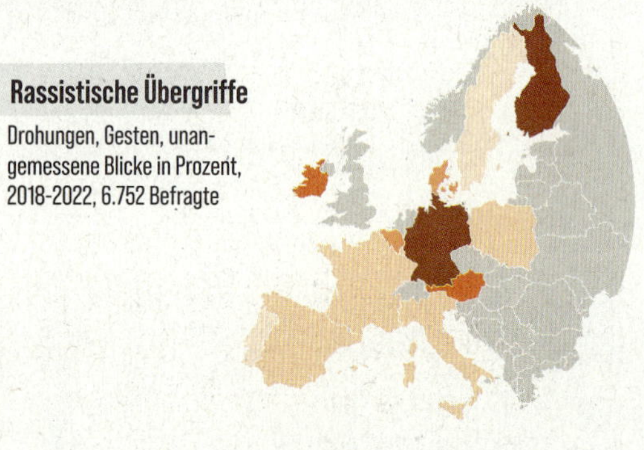

Rassistische Übergriffe
Drohungen, Gesten, unangemessene Blicke in Prozent, 2018-2022, 6.752 Befragte

Alle Nationalparks und Naturschutzgebiete in Deutschland sind zusammen so groß
und alle Solarparks zusammen so

Demos gegen rechts
und von rechtsaußen
1.1.-30.6.2024
2.242
118

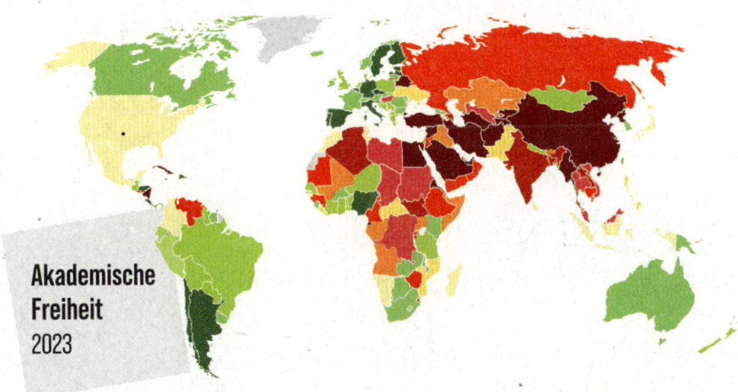

Akademische
Freiheit
2023

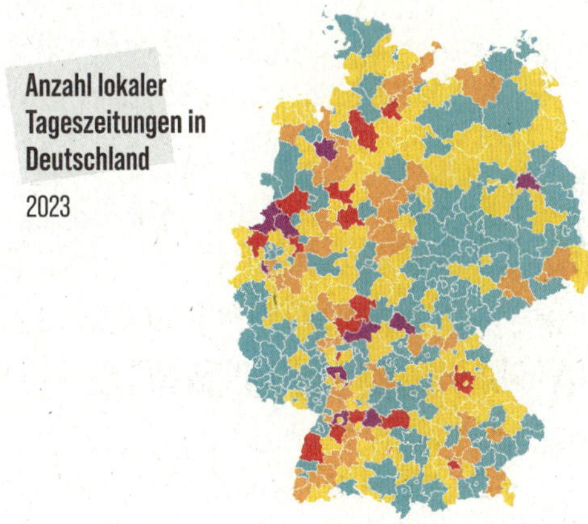

Anzahl lokaler
Tageszeitungen in
Deutschland
2023

Wahrscheinlichkeit eines
Gymnasialbesuchs
34,7
Brandenburg
37,1
Berlin
30,1
Hamburg

EINSAMKEIT

Die traurigste Geschichte der Welt

Fatou ist wahrscheinlich älter als du. Sie ist 67 Jahre alt – und der älteste bekannte Gorilla aller Zeiten. Fatou wurde 1957 in Freiheit geboren und kam 1959 in den Berliner Zoo, wo sie seither leben muss – die letzten 15 Jahre davon allein.

Gorillas kommen in freier Wildbahn nur in Zentralafrika vor. Es gibt zwei Arten mit je zwei Unterarten. Fatou ist ein Westlicher Flachlandgorilla und wurde Erzählungen zufolge 1959 von einem französischen Seemann nach Europa gebracht. In Marseille soll dieser das Gorillababy in einer Gastwirtschaft in Zahlung gegeben haben, bevor es in den Zoologischen Garten Berlin gebracht wurde. Fatou lebte dort mit verschiedenen anderen Gorillas zusammen. Zuletzt starb 2009 ihre Mitbewohnerin Gigi an Krebs, ein ebenfalls in der Wildnis geborenes Gorillaweibchen, das 1961, im Alter von zwei Jahren, nach Berlin kam. Seither lebt Fatou getrennt von ihren Artgenossen, um ihr ein ruhiges Leben fernab der Aufregung einer Gruppe zu ermöglichen, wie der Zoo schreibt. In der Natur leben Westliche Flachlandgorillas bis zu ihrem Tod in kleineren Familienverbänden.

Alle Gorillaarten und -unterarten sind vom Aussterben bedroht. Weltweit gibt es Schätzungen zufolge noch etwa 330.000 wildlebende Individuen, 97 Prozent davon sind Westliche Flachlandgorillas wie Fatou und Gigi. Weniger als 1.000 Gorillas leben in Zoos. Gefangen werden sie heute in der Regel nicht mehr, nur noch gezüchtet. Das regelt unter anderem das Washingtoner Artenschutzübereinkommen.

Unterzeichnerstaaten des Washingtoner Artenschutzübereinkommens

Cross-River-Gorilla
KAMERUN
ZENTRALAFRIKANISCHE REPUBLIK
ÄQUATORIAL-GUINEA
GABUN
KONGO
Berggorilla
Östlicher Flachlandgorilla
UGANDA
RUANDA
BURUNDI
Westlicher Flachlandgorilla
DEMOKRATISCHE REPUBLIK KONGO
Tanganjikasee
Verbreitung der Gorillaarten
Westlicher Gorilla
Östlicher Gorilla

KÜSTEN- STATT KLIMASCHUTZ

Dann machen wir halt die komplette Nordsee dicht

Klimawandel führt zu Erderwärmung führt zu Dürren und: einem wahrscheinlich deutlichen Anstieg des Meeresspiegels. Seit Jahrzehnten schlägt die Wissenschaft Alarm, mit mäßigem Erfolg. Das von nahezu allen Ländern gefasste Ziel, die Erderwärmung bis zum Jahr 2100 auf 1,5 Grad zu begrenzen, wurde bereits jetzt gerissen. Bei gleichbleibenden Gegenmaßnahmen gehen Klimaforscher von einem Meeresspiegelanstieg von ein bis zwei Metern in den nächsten 75 Jahren aus. Rund 75 Hauptstädte weltweit würden in diesem Fall überflutet.

Angesichts dieses Ausmaßes und der unzureichenden Klimaschutzbemühungen haben zwei Wissenschaftler eine radikale Idee entwickelt: Sie schlagen vor, die komplette Nordsee mithilfe eines Damms vom Atlantik zu trennen, um Überflutungen in Nordeuropa zu verhindern. Denn ihren Berechnungen zufolge wären von einem Anstieg von zwei Metern 15 Länder und über 25 Millionen Menschen im Bereich von Nord- und Ostsee betroffen.

Der von ihnen geplante *Nordeuropäische Abschlussdamm* hat eine Gesamtlänge von 637 Kilometern und muss Wassertiefen von bis zu 320 Metern überwinden. Da durch Flüsse permanent Wasser in den abgeschlossenen Bereich gelangt, müssten zudem Pumpstationen installiert werden, die 40.000 Kubikmeter Wasser pro Sekunde in den Atlantik befördern. Ein solches Vorhaben hat natürlich seinen Preis: 250 bis 500 Milliarden Euro, schätzen die Wissenschaftler.

Und es brächte weitreichende Veränderungen mit sich: Durch den ständigen Zufluss von Süßwasser etwa würde sich der Salzgehalt in dem Becken deutlich verringern, mit gravierenden Folgen für Ökosysteme, Artenvielfalt und die Fischerei. Auch die Schifffahrt müsste neu gedacht werden.

Klingt alles undenkbar – klar, dass einer der beiden Fantasten aus den Niederlanden stammt. Dort hat man jahrhundertelange Erfahrung damit, der Nordsee mithilfe von Deichen Land abzutrotzen. Und doch sei der Megadamm im Vergleich zu Schutzmaßnahmen einzelner Staaten „mit ziemlicher Sicherheit die kostengünstigste Option“, wie die Wissenschaftler schreiben.

Was Sjoerd Groeskamp vom Königlich-Niederländischen Institut für Meeresforschung allerdings noch verrät: Die Idee sei eher eine Warnung als ein tatsächlicher Vorschlag – das meinte er zumindest noch 2020. „Wenn wir nichts tun, dann ist dieser extreme Damm möglicherweise die einzige Lösung.“

Shetlandinseln
Orkney
Bergen
476 km
NORDSEE
The Lizard
161 km
Ploudalmézeau

FAKE-STUDIEN

Die Unterminierung der Forschung

Fake News betreffen nicht nur Zeitungen oder Plattformen wie X, sondern auch die Wissenschaft. Renommierte Fachzeitschriften stehen vor einem wachsenden Problem. Sogenannte Aufsatzfabriken produzieren gefälschte Studien in großem Stil – und die Zeitschriften veröffentlichen sie immer öfter, weil sie nicht wissen, woran eine gut gemachte Fälschung zu erkennen ist.

VON **ALEXANDER FÜRNIß**

Paul Kammerer war bekannt für seine Krötenforschung. Doch seine Ergebnisse wurden Anfang der 1920er-Jahren von Kollegen angezweifelt. Sie warfen dem österreichischen Biologen vor, Kröten bemalt zu haben, um bestimmte Merkmale hervorzuheben.[1] Obwohl sein Betrug nie einwandfrei bewiesen werden konnte und Kammerer die Vorwürfe vehement zurückwies, nahm er sich nach Bekanntwerden der Affäre das Leben.

Ob Kammerer nun betrogen hat oder nicht: Solange es Wissenschaft gibt, gibt es dort auch Fälschungen. Doch wie häufig wird heutzutage in der Forschung geschummelt?

Im Jahr 2009 räumten in einer vielzitierten Studie zwei Prozent der Befragten ein, mindestens einmal in ihrer Forschungskarriere Daten gefälscht zu haben.[2] Der Statistiker Daniele Fanelli ermittelte diesen Durchschnittswert an-

(1) Hölter, Katharina: So dreist wird in der Wissenschaft betrogen, auf: welt.de (24.11.2014).

(2) Fanelli, Daniele: How Many Scientists Fabricate and Falsify Research? A Systematic Review and Meta-Analysis of Survey Data, in: PLOS ONE 4(5) (29.5.2009).

(3) Sabel, Bernhard A. u.a.: Fake Publications in Biomedical Science: Red-flagging Method Indicates Mass Production, auf: medrxiv.org (Version vom 18.10.2023).

Charles Dawson, Archäologe

1912 fand Charles Dawson in einer Kiesgrube im Süden Englands die Überreste eines menschlichen Schädels, der zwischen 200.000 und 500.000 Jahre alt sein sollte. In den Fünfzigerjahren entdeckte man, dass die Überreste tatsächlich aus dem späten Mittelalter stammten und Knochen und Zähne aus Skeletten verschiedener Affenarten und Menschen zusammengebastelt worden waren. Unklar ist, ob Dawson dahintersteckte.

Galileo Galilei, Gelehrter

Galileo hat wohl eines seiner berühmtesten Experimente nie durchgeführt. Dabei soll er auf den Schiefen Turm von Pisa geklettert sein, um Aristoteles' Behauptung zu widerlegen, dass die Fallgeschwindigkeit eines Objekts im Verhältnis zu seinem Gewicht steht.

hand von 18 Umfragen unter Wissenschaftlern zu Betrug in der Forschung. Und nicht nur das: Rund 14 Prozent der Befragten gaben an, einen Wissenschaftler zu kennen, der bereits Manipulationen zugegeben hatte – in Summe rund jeder siebte. Die Ergebnisse lösten in der Forschungsgemeinschaft Entsetzen aus, aber auch Skepsis.

Zehntausende Todesfälle wegen einer gefälschten Studie

Einer neueren Untersuchung von 2023 zufolge könnte an diesem Wert jedoch etwas dran sein. Ein Forschungsteam um den Neuropsychologen und Hirnforscher Bernhard Sabel schätzt, dass rund elf Prozent der biomedizinischen Arbeiten von 2020 gefälscht sein könnten.[3] Gegenüber KATAPULT berichtet der ehemalige Leiter des Instituts für Medizinische Psychologie an der Uni Magdeburg, dass er und sein Team in einer weiteren Überarbeitung ihres Manuskripts, das noch nicht veröffentlicht ist, eine Prognose für das Jahr 2023 beigefügt haben – mit dem Ergebnis, dass 16,3 Prozent aller biomedizinischen Arbeiten unter Fälschungsverdacht stünden.[4] Ein Wert, der sich mit der Fanelli-Studie deckt. Bei 1,5 Millionen Veröffentlichungen in der Biomedizin weltweit im Jahr 2023 entspräche das 245.000 falschen Artikeln.[5]

In der Medizin ist das besonders gravierend. Schließlich fließen Studienergebnisse direkt in klinische Entscheidungen über die Behandlung von Patienten ein. Ein Beispiel: Herzpatienten in Europa erhielten jahrelang vor Operationen Betablocker, einen bestimmten Mix aus Arzneistoffen zur Prävention von Herzinfarkten und Schlaganfällen. Diese Praxis basierte auf einer Studie von 2009, die sich später als teilweise manipuliert erwies. Schätzungen zufolge führte dies allein in Großbritannien zu jährlich 10.000 Todesfällen.[6]

Hinter solchen Betrügereien stecken zwielichtige Firmen, sogenannte Paper Mills – frei

(4) Telefonat mit Bernhard Sabel am 25.10.2024.

(5) Sabel, Bernhard: Fake-Mafia in der Wissenschaft. KI, Gier und Betrug in der Forschung, Stuttgart 2024, S. 86.- Würde man diesen Prozentwert auf alle Forschungsbereiche des Jahres 2023 ummünzen, entspräche das rund 815.000 verdächtigen Forschungsbeiträgen.

(6) The Economist (Hg.): There is a worrying amount of fraud in medical research, auf: economist.com (22.2.2023).

Betrugsfälle in der Forschung

Auswahl

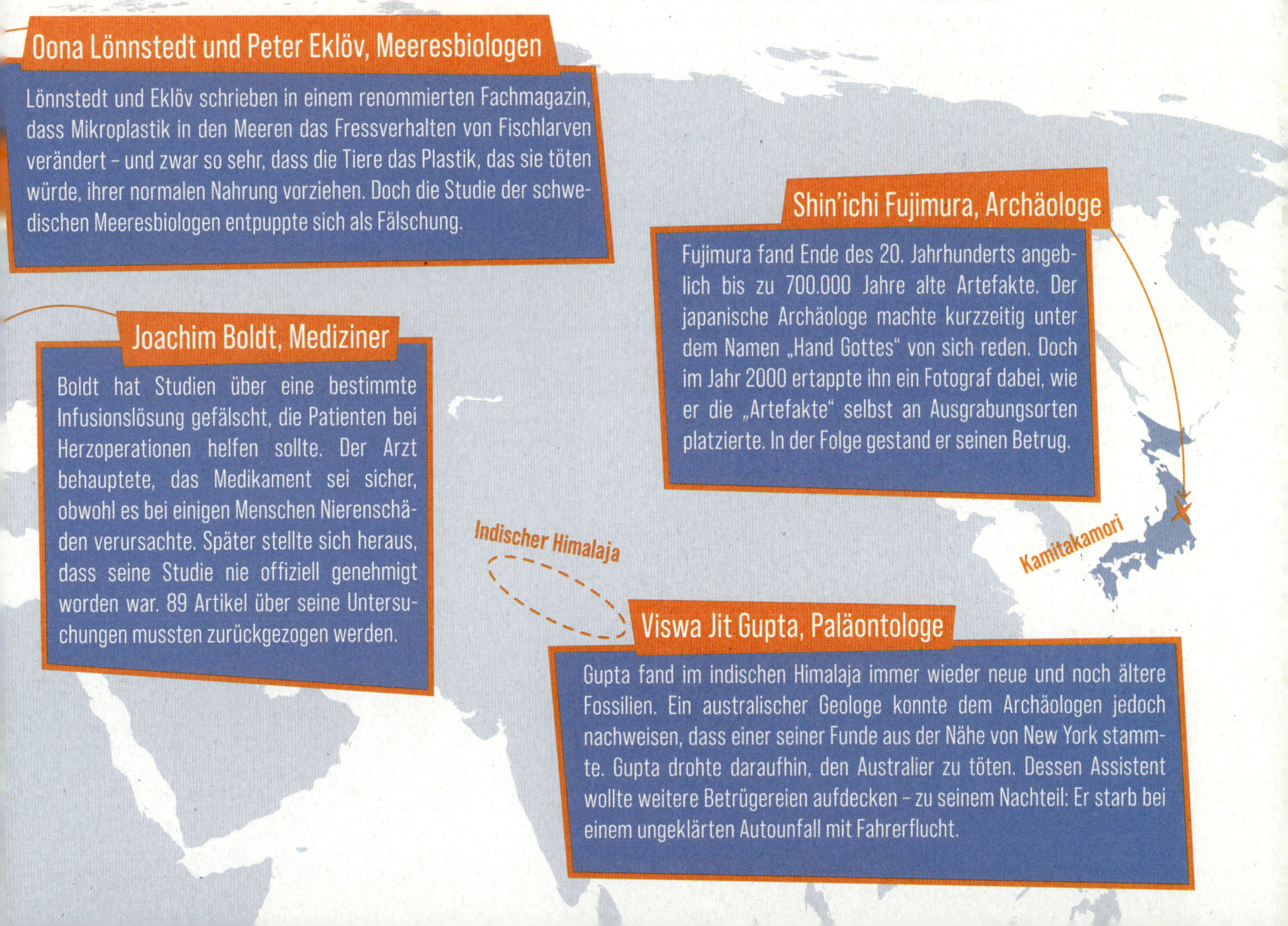

Zurückgezogene Forschungsartikel

seit 2004 bis 7.11.2024

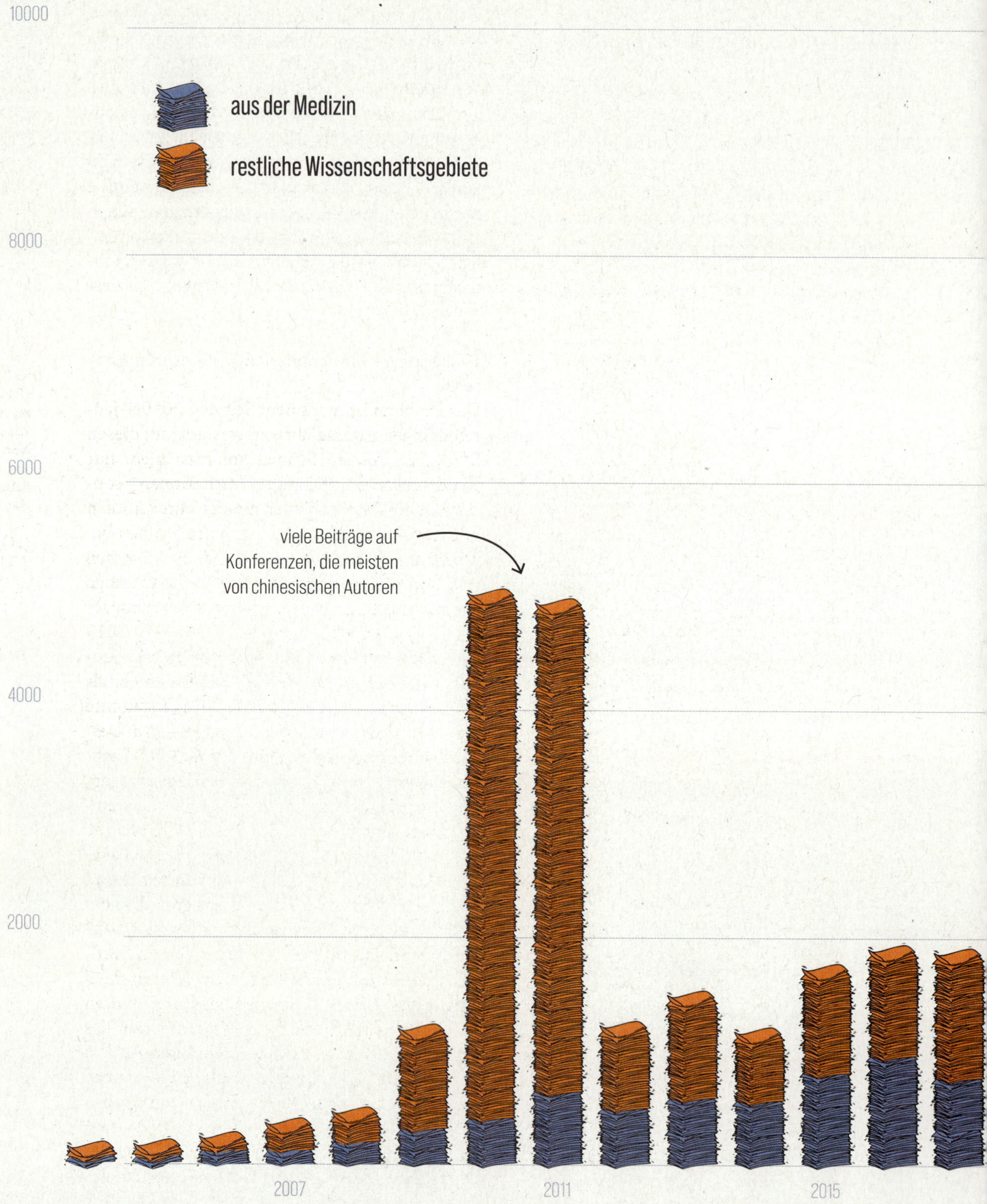

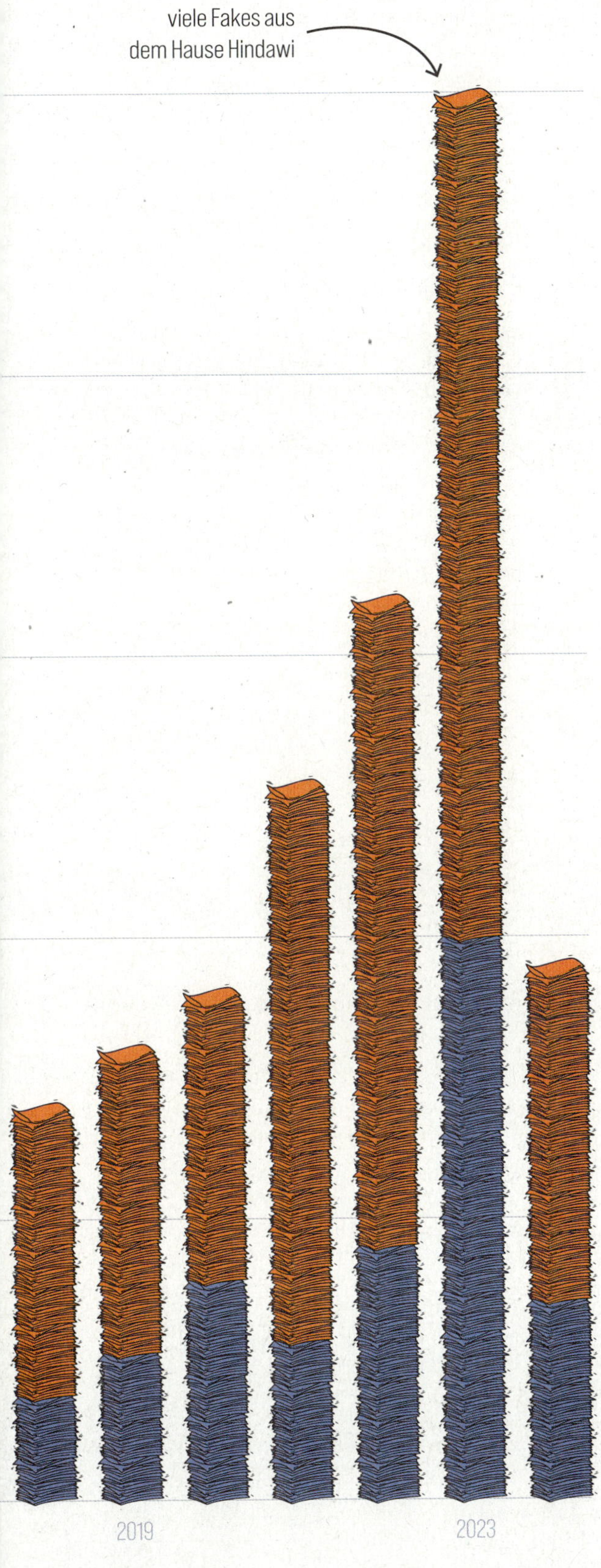

übersetzt: Aufsatzfabriken. Dabei handelt es sich um Agenturen, die gefälschte Manuskripte von wissenschaftlichen Artikeln erstellen und diese Forschern oder Zeitschriften zum Kauf anbieten.[7] Auf Kanälen wie Telegram oder Facebook werben die Agenturen um Kunden und geben teils unverblümt preis, in welchen Zeitschriften sie ihre Fake-Studien veröffentlichen wollen. Ihre Kunden: häufig verzweifelte Forscher. Weltweit ist es nämlich üblich, Wissenschaftler nach der Anzahl ihrer Publikationen zu bewerten und wie häufig sie zitiert werden. Wer wenig publiziert, gerät unter Druck. Aus Angst, nicht befördert zu werden oder gar den Arbeitsplatz zu verlieren, kaufen – meist junge – Forscher fertige Artikel, die sie dann in wissenschaftlichen Magazinen einreichen, um ihr Portfolio aufzuwerten.[8] Mittlerweile wird geschätzt, dass jedes Jahr Hunderttausende Fake-verdächtige Artikel fabriziert werden.[9]

Fakes in der Forschung lange nicht von Interesse

Das Problem ist nicht neu: Seit den 2010er-Jahren drängen Aufsatzfabriken verstärkt auf diesen Markt. Zu diesem Schluss kommen nicht nur Recherchen unabhängiger Institutionen, sondern auch Wissenschaftler, die sich ehrenamtlich mit dem Herausfiltern solcher Fake-Studien beschäftigen. Der 2010 gegründete Blog *Retraction Watch* zählt Fälle, in denen Zeitschriftenbeiträge wegen wissenschaftlichen Fehlverhaltens nachträglich zurückgezogen wurden. Waren es 2013 noch etwas mehr als tausend Veröffentlichungen, hatte sich dieser Wert 2023 bereits mehr als verzehnfacht. Jeder achte Fake-Artikel stammte allein aus dem ägyptischen Verlag *Hindawi*. Dessen Mutterverlag *Wiley*, der mehr als 2.000 Fachzeitschriften herausgibt, sah sich gezwungen, 19 Publikationen aus dem Hause Hindawi einzustellen – und Hindawi letztlich zu schließen.[10]

Das öffentliche Interesse an dieser Fake-Maschinerie war vor der Studie von Sabel und seinen Mitautoren nicht besonders groß. Das bekamen sie selbst zu spüren, als sie im Juni 2023 ihr Manuskript bei den renommierten Fachzeitschriften *Nature*, *Science* und dem *New England Journal of Medicine* einreichten. Alle drei lehnten den Vorabdruck[11] mit der Begründung ab, das Thema sei „nicht von allgemeinem Interesse".[12]

Das sehen die Verlage mittlerweile anders. Und auch auf internationalen Forschungskonferenzen kommt das Problem inzwischen häufiger auf den Tisch. Auch dank Kritikern wie Sabel. Erst im Oktober hielt er in Stockholm

(7) COPE & STM (Hg.): Paper Mills, S. 6 (Juni 2022).

(8) McKie, Robin: 'The situation has become appalling': fake scientific papers push research credibility to crisis point, auf: theguardian.com (3.2.2024).

(9) Sabel u.a. 2023; Sabel 2024, S. 86.

(10) Subbaraman, Nidhi: Flood of Fake Science Forces Multiple Journal Closures, auf: wsj.com (14.5.2024).

(11) Nach Sabels Angaben wird die Untersuchung nach der letzten Überarbeitung nun von der Zeitschrift *PNAS Nexus* begutachtet, was einer möglichen Veröffentlichung vorausgeht.

(12) Sabel 2024, S. 201.

Länder mit den meisten Studien, die unter Fälschungsverdacht stehen

globaler Anteil unter wissenschaftlichen Veröffentlichungen, in Prozent

einen Onlinevortrag über die Fake-Industrie in der Forschung, der sogar von einem Mitglied des Nobelpreiskomitees eingeleitet wurde.

Statt von Brustkrebs ist von Busengefahr die Rede

Gefälschte Zeitschriftenartikel aus solchen Aufsatzfabriken sehen auf den ersten Blick täuschend echt aus und werden häufig von Gutachtern nicht als Fälschung erkannt. Manchmal verwenden die Betrüger einfach eine bestehende Studie als Vorlage, tauschen Gen- oder Krankheitsnamen wild aus, manipulieren Tabellen oder fügen frei erfundene Zahlenwerte hinzu. Teils werden auch Fotos von Molekülen oder Grafiken mit Bildbearbeitungssoftware so verändert, dass die Fälschung nicht sofort auffällt. Zudem setzen sie beim Verfassen der Texte künstliche Intelligenz ein, weshalb diese durch eigentümliche Formulierungen auffallen (sollten).[13]

Statt von Brustkrebs ist dann zum Beispiel von „Busengefahr“ zu lesen.[14] Sind diese merkwürdigen Artikel fertig, reichen die Betrüger sie bei Zeitschriften ein. Um die Wahrscheinlichkeit einer Veröffentlichung zu erhöhen, gleich bei mehreren, oft kleinen und wenig angesehenen Magazinen. Vor allem Sonderhefte sind im Visier der Fälscher, weil diese vermuten, dass ihre Artikel dort nicht gründlich genug begutachtet werden.[15] Trotz Peer-Review-Verfahren, bei denen Fachkundige einen Artikel vor der Veröffentlichung nach wissenschaftlichen Standards prüfen, gelingt es den Agenturen, gefälschte Arbeiten in Zeitschriften zu platzieren. Teilweise fälschen sie sogar solche Bewertungen.[16]

Die Gutachter können zwar ihre fachliche Meinung zu einer Publikation äußern, sie aber nur schwer als Fälschung erkennen, weil sie in der Regel nicht wissen, wie eine gut gemachte

(13) Ebd., S. 47, 101, 107f.

(14) McKie 2024.

(15) Subbaraman 2024.

(16) Sabel 2024, S. 184.

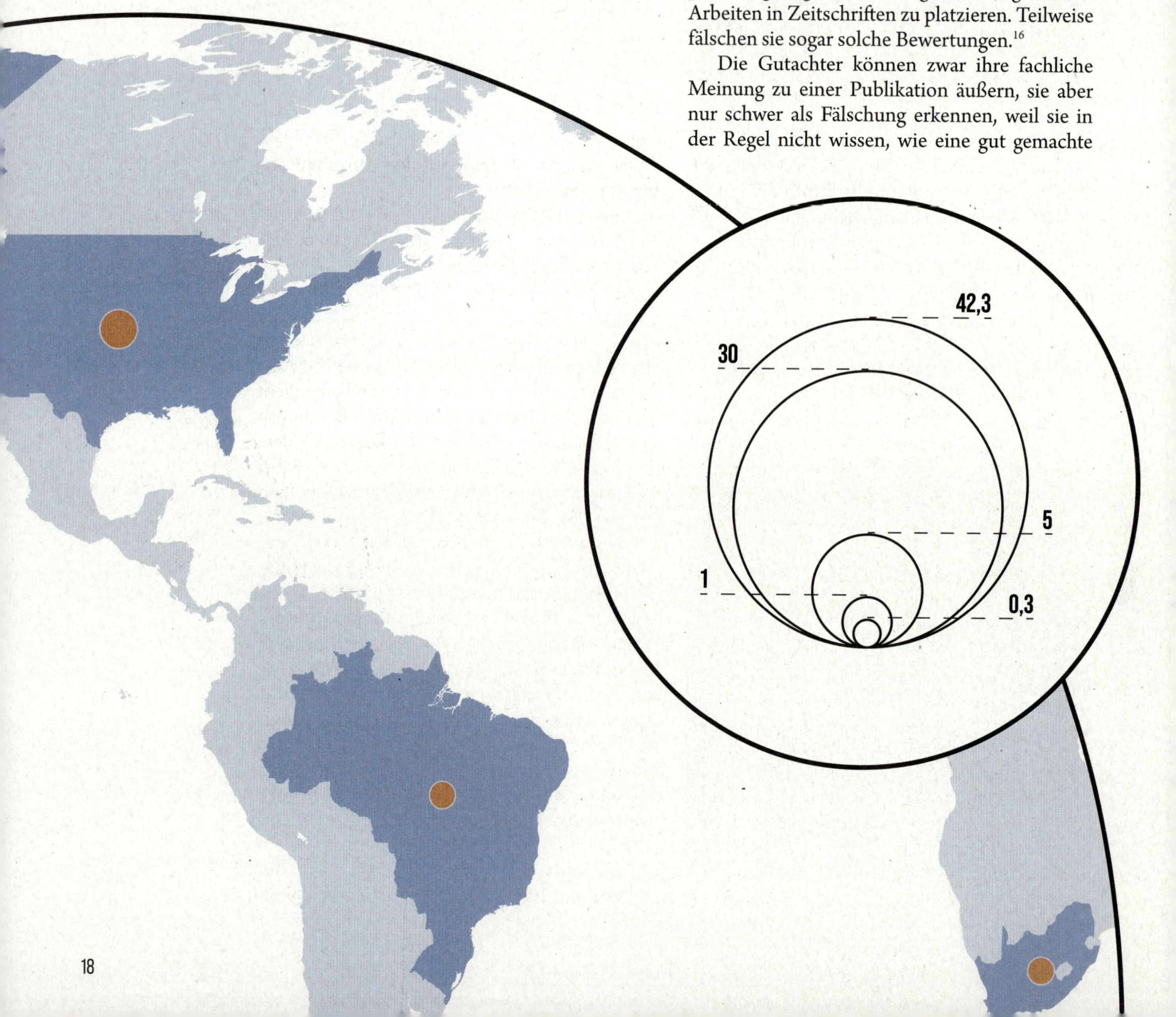

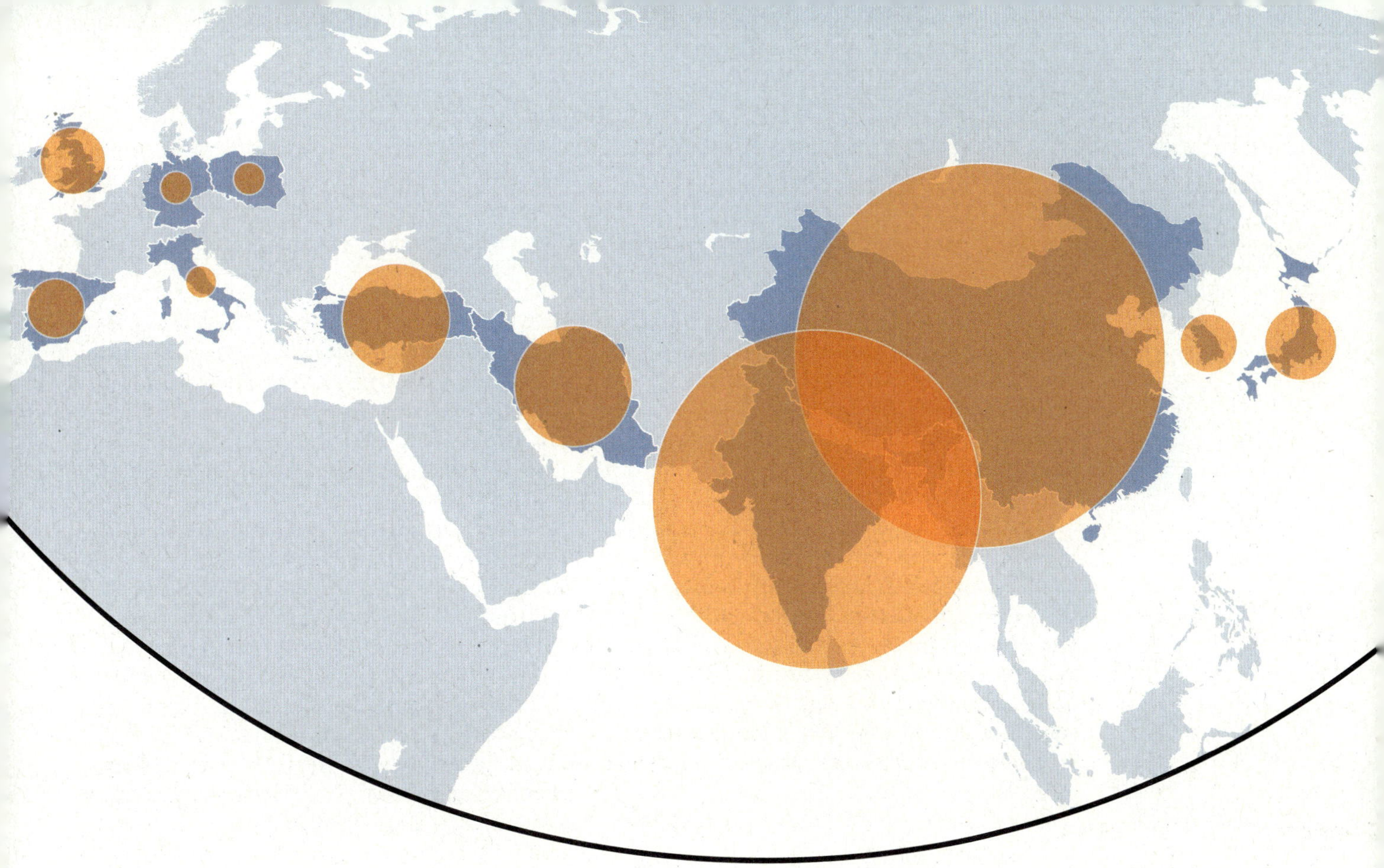

Fälschung aussieht. Auch sind die Personen, die die Studien prüfen, mitunter fachfremd. So ist es nach Sabels Erfahrung nicht unüblich, dass Sozial- oder Geisteswissenschaftler naturwissenschaftliche oder medizinische Zeitschriftenartikel begutachten.[17]

Doch damit nicht genug: Verschiedene Verlage berichteten, dass sich Betrüger als Wissenschaftler tarnen. Zum Teil bestechen sie die Redaktionen, um ihre Publikationen möglichst ungehindert in Magazinen platzieren zu können.[18] Zu den Spürnasen, die solche Skandale aufgedeckt haben, gehört Retraction Watch.

Der Blog identifizierte in einer gemeinsamen Analyse mit dem Wissenschaftsmagazin Science und anderen Branchenexperten mehr als 30 Redakteure, die an derartigen Machenschaften beteiligt gewesen sein sollen – und bis zu 20.000 Dollar für die Veröffentlichung von Fake-Artikeln kassierten. Auch renommierte Zeitschriften bleiben nicht verschont: So berichten die Top-Wissenschaftsverlage *Elsevier* und *Taylor & Francis*, die zusammen mehr als 6.000 Fachzeitschriften herausgeben, von regelmäßigen Bestechungsversuchen.[19] Andere große Verlage wie Wiley und *Springer Nature* haben inzwischen ihre Kontrollen vor der endgültigen Publikationsentscheidung verschärft.[20] Auch Sabel, der in der Forschungsliteratur weltweit zitiert wird, wurde schon von diesen Kriminellen umworben.

Fakes zitieren oft andere Fakes, um ihr Ranking zu verbessern

In seinem neuen Sachbuch *Fake-Mafia in der Forschung* vom Oktober 2024 beschreibt der Neuropsychologe, wie ihn im Februar 2022 eine Aufsatzfabrik aus China per E-Mail kontaktierte. Die Agentur versprach, den Impact-Faktor seiner Zeitschrift – ein wichtiges Maß in der Wissenschaft, das angibt, wie oft ein Forscher von anderen zitiert wird – künstlich zu erhöhen, indem sie dessen Journal in anderen Publikationen von Fälschern systematisch zitieren lassen würden. Ein klarer Manipulationsversuch. Doch Sabel sah eine Chance, die Betrüger zu entlarven, und bat um mehr Informationen.

Er traf sich mit Vertretern der Agentur per Zoom-Meeting und bekam sogar die Erlaubnis, das Gespräch aufzuzeichnen. Die offenkundige Fälscherbande gab an, über 100 Manuskripte pro Monat zu produzieren – und bei ebenso vielen Zeitschriften unter Vertrag zu stehen. Die Erfüllung seines unrealistischen „Wunsches", innerhalb von sechs Wochen bis zu zwölf Forschungsmanuskripte zu einem sehr speziellen Thema zu erhalten, wurde Sabel ohne Zögern zugesichert. Die Preise pro Publikation lagen zwischen 1.000 und 26.000 Euro, je nach Renommee der avisierten Journale.[21]

Ein sehr lukratives Geschäft also: Bei wie von Sabel und Kollegen geschätzten 245.000 fäl-

(17) Ebd., S. 136, 157.

(18) Joelving, Frederik: Paper trail, auf: science.org (18.1.2024).

(19) Besser, Linton: Wiley's ‚fake science' scandal is just the latest chapter in a broader crisis of trust universities must address, auf: abc.net.au (20.5.2024).

(20) Subbaraman 2024.

(21) Sabel 2024, S. 92-100.

schungsverdächtigen Publikationen in der Biomedizin würde das bei einem durchschnittlichen Preis von 10.000 Euro pro Artikel einen Umsatz von jährlich 2,4 Milliarden Euro bedeuten. Wären alle Wissenschaftszweige gleichermaßen von Fälschungen betroffen – also 16,3 Prozent aller weltweit veröffentlichten fünf Millionen Forschungsartikel –, ergäbe sich sogar ein Erlös von über acht Milliarden Euro.

Die Verlage verdienen viel Geld mit der Veröffentlichung von Forschungsergebnissen. Sie lassen sich jeden Artikel von der Wissenschaft bezahlen. Geht man pro Aufsatz von 2.000 Euro aus, wandern jährlich 1,6 Milliarden auf das Konto der Wissenschaftsverlage.[22] Als Wirtschaftsunternehmen müssen sie Umsätze erwirtschaften. Sabel meint, dass Aufsatzfabriken, die praktisch als Zulieferer für die Verlage agieren, und Verlage quasi unbeabsichtigt eine „kommerzielle Interessengemeinschaft" eingehen.[23] Und Zeitschriften, die ihre Artikel auf ihrer Website zur Verfügung stellen, würden sogar um so mehr daran verdienen, sich von Aufsatzfabriken beliefern zu lassen, da online Druck- und Vertriebskosten nahezu entfallen.

Jeder zweite chinesische Arzt gibt wissenschaftliches Fehlverhalten zu

Ein Land, das in Sachen Fake-Publikationen besonders hervorsticht, ist China. Es ist der größte Markt für Aufsatzfabriken. Wer dort Artikel in den angesehensten Fachzeitschriften veröffentlichte, erhielt bis 2020 hohe Geldprämien – eine Praxis, die die chinesischen Behörden mittlerweile eingestellt haben. Die Zuschüsse überstiegen teils das Jahresgehalt eines Assistenzarztes. Für Forscher folglich ein Anreiz, solcherlei Betrug zu riskieren.

Dass manche das tatsächlich getan haben könnten, spiegelt sich in einer aktuellen Befragung wider, in der rund die Hälfte der befragten chinesischen Ärzte zugab, in ihrer Forschung bereits Fehlverhalten begangen zu haben.[24] Im Februar 2024 berichtete indessen die amerikanische Zulassungsbehörde für Arzneimittel, dass die Anträge für die Marktzulassung von Arzneiprodukten vermehrt unzuverlässige Daten von Drittlaboren aus China und Indien enthielten. Ein Befund, den zahlreiche Quellen erhärten. Auch indirekt die Studie von Sabel und seinen Kollegen. Ihnen zufolge kamen 2020 und 2023 42,3 Prozent der unter Fälschungsverdacht stehenden Studien in der weltweiten Forschungsliteratur aus China und 33 Prozent aus Indien – zusammen mehr als drei Viertel, allein aus diesen beiden Ländern.[25]

> „Sabel meint, dass Aufsatzfabriken, die praktisch als Zulieferer für die Verlage agieren, und Verlage quasi unbeabsichtigt eine „kommerzielle Interessengemeinschaft" eingehen"

„Schwarze Listen" für verdächtige Forschung in China ohne Wirkung

Die Produktion von wissenschaftlichen Artikeln im Allgemeinen nimmt in China seit dem Jahr 2002 rasant zu, mit im Schnitt 40.000 Publikationen jährlich. Angesichts der Tatsache, dass die meisten Forschungsprojekte mehrere Jahre benötigen, um abgeschlossen zu werden, werfe dies Fragen auf, meint Sabel. Er vermutet nicht nur, dass die wissenschaftlichen Institutionen dort jährliche Quoten erfüllen müssen, sondern auch, dass die chinesischen Behörden die Fälschungsindustrie nicht ausreichend kontrollieren.[26] Das Problem der Aufsatzfabriken kann Peking nämlich kaum unbekannt sein.

So führt der Staat eine „schwarze Liste", auf der Journale wegen wissenschaftlichen Fehlverhaltens registriert sind. Laut Sabel stehen darauf allerdings weniger als dreißig. Bemerkenswert ist, dass ausgerechnet im August 2020, also zu der Zeit, als offizielle Stellen erste Schritte gegen Aufsatzfabriken einleiteten, die chinesische Gesundheitsbehörde neue Richtlinien veröffentlichte, nach denen alle Mediziner, die eines Tages zum Chefarzt befördert werden wollen, in Fachzeitschriften mindestens drei Artikel als Erstautor veröffentlicht haben müssen. Eine Maßnahme, die laut Sabel den Fälschern in die Hände spielt.[27] Was also tun?

(22) Ebd., S. 20, 159.

(23) Ebd., S. 70.

(24) Chen, Lulin u.a.: Knowledge, attitudes and practices about research misconduct among medical residents in southwest China: a cross-sectional study, in: BMC Medical Education Ausgabe 24(284) 2024.

(25) Sabel 2024, S. 21, 215.

(26) Ebd., S. 79-81.

(27) Ebd., S. 175, 185.

(28) Joelving 2024.

(29) Wiley (Hg.): Wiley announces pilot of new AI-powered Papermill Detection Service, auf: johnwiley-2020news.q4web.com (13.3.2024).

(30) Oransky, Ivan: Up to one in seven submissions to hundreds of Wiley journals flagged by new paper mill tool, auf: retractionwatch.com (14.3.2024).

(31) Desaire, Heather: Accurately detecting AI text when ChatGPT is told to write like a chemist, in: Cell Reports Physical Science 4(11) 2023, S. 5.

(32) Sabel 2024, S. 133.

(33) Ebd., S. 233, 235, 242.

Studien unter Fälschungsverdacht aus diesen Ländern*

Anteil in Prozent, aus 2.000 Publikationen, 2020/2023

* ausgenommen Länder, aus denen weniger als ein Prozent der weltweiten Forschungsliteratur stammt

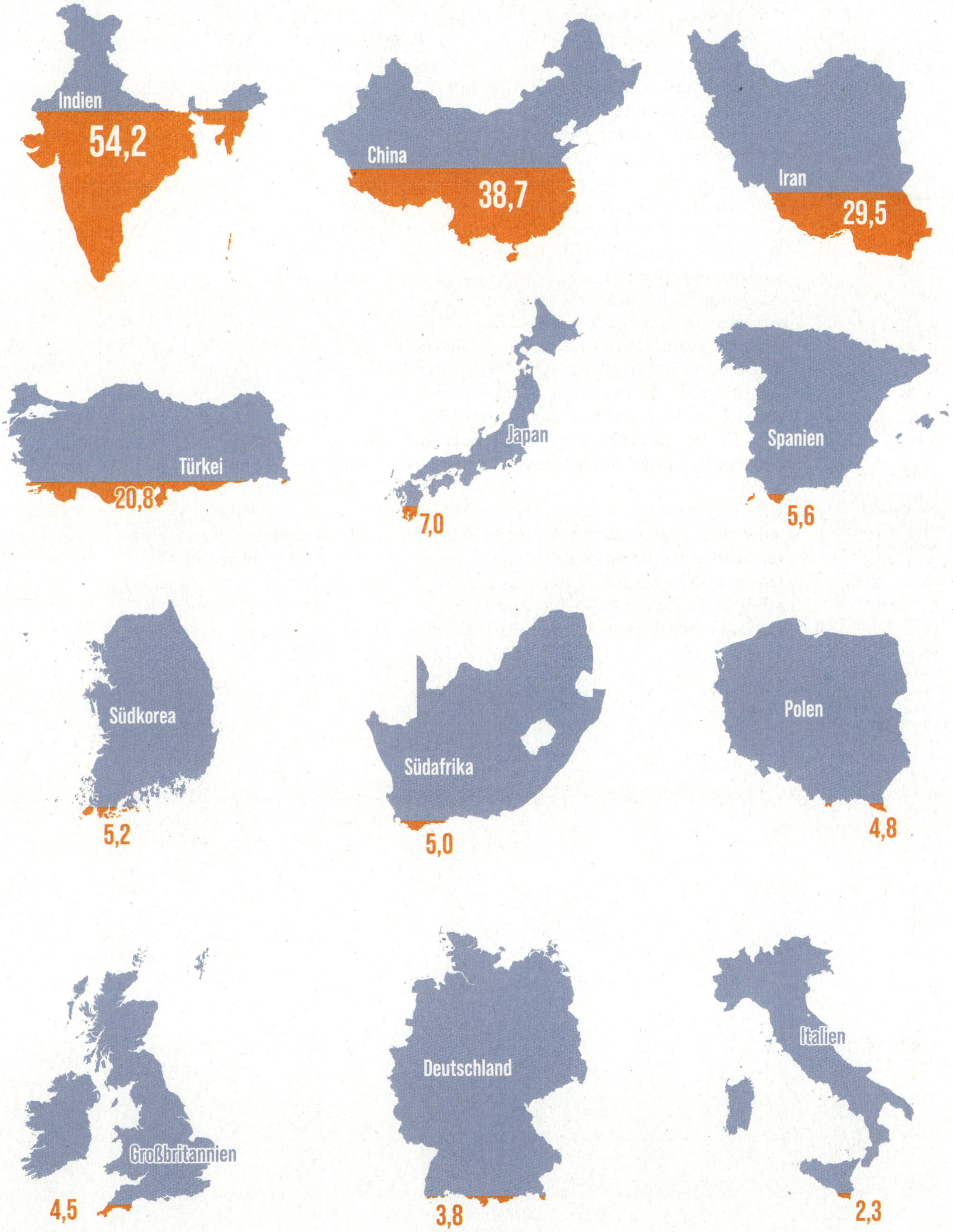

Mensch gegen Maschine
Die Gemeinschaft der wissenschaftlichen Fachzeitschriften hat die von den Aufsatzfabriken ausgehende Bedrohung teilweise erkannt und ihre Präventionsteams verstärkt. Die Verlage investieren in Möglichkeiten, die Beteiligung Dritter besser zu erkennen, zum Beispiel mittels Softwarelösungen.[28] Wiley hat nach dem Fall Hindawi selbst Untersuchungen durchgeführt und ein Pilotprojekt mit einer KI-gestützten Software gestartet, um Forschungsmanuskripte vor der Begutachtung auf Merkmale zu überprüfen, die auf Fälschungen hindeuten.[29]

Gegenüber Retraction Watch räumte der Verlag ein, mit diesem Werkzeug bis zu 13 Prozent der monatlich 10.000 eingereichten Manuskripte aufgrund von Fälschungsverdacht aussortieren zu können.[30]

Solche Softwarelösungen sind jedoch kein Allheilmittel. Die Frage, die sich nämlich stellt: Kann ein KI-Tool oder ein Mensch KI-generierte Texte als Fälschungen identifizieren? Eine Studie von Chemikern der Universität von Kansas aus dem Jahr 2023 kam zu dem Ergebnis, dass der Mensch immer noch die bessere Nase hat.[31] Und während sich Verlage mit solchen Technologien gegen Fakes wehren, vermuten Experten längst ein Wettrüsten zwischen den Fälschern und jenen, die sie entlarven wollen.[32]

Sabel empfiehlt, vor dem Peer Review in den Redaktionen eine Vorprüfung stattfinden zu lassen. Wenn die Manuskriptprüfer geschult würden, anhand welcher Indizien man gefälschte Studien sicher erkennt, wären sie sozusagen die Reviewer vor dem Review. Daneben schlägt der Neuropsychologe vor, dass der Staat die Finanzierung der Publikationsgebühren von Zeitschriften an das wirksame Durchforsten von gefälschten Studien knüpfen könnte. Hierfür müssten unabhängige Experten tätig werden, die mit solchen typischen Hinweisen vertraut sind. Am besten wäre es natürlich, Fälscher strafrechtlich zu verfolgen. Doch das ist zumindest in Deutschland schwierig. Denn Falschaussagen sind hierzulande, wie in vielen anderen demokratischen Staaten, meist nicht strafbar.[33]

ALEXANDER FÜRNIß
KATAPULT

Wachstum der Veröffentlichungen in der Medizin von 1996 bis 2023

der führenden Länder mit jeweils mehr als 1.000 Publikationen im Jahr 1996, in Prozent

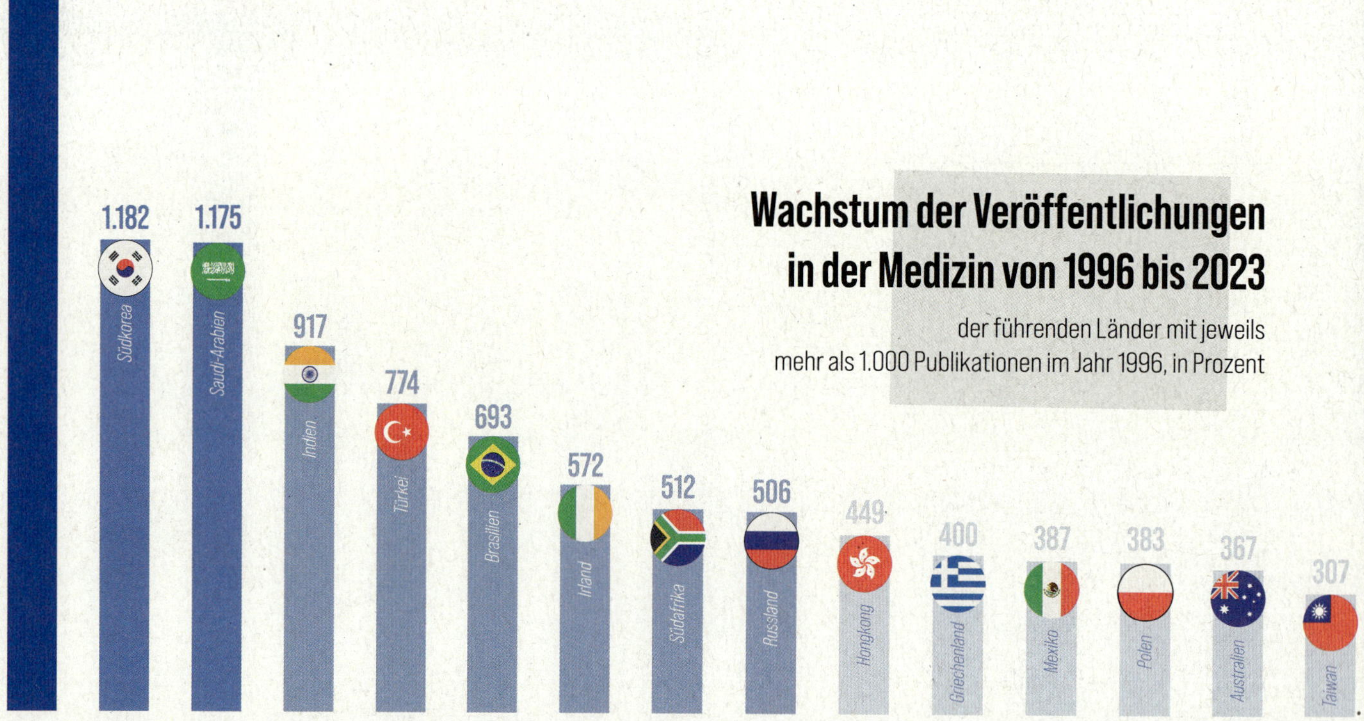

STUDIE

Hunde beeinträchtigen den Schlaf – werden aber trotzdem ins Bett gelassen

Studie: „Human-Animal Co-Sleeping: An Actigraphy-Based Assessment of Dogs' Impacts on Women's Nighttime Movements" von Christy L. Hoffman, Matthew Browne und Bradley P. Smith (Februar 2020)

Kurz: Das gemeinsame Schlafen mit Hunden kann die Schlafqualität von Frauen beeinträchtigen, was diese jedoch nicht unbedingt wahrnehmen.

Hunde sind nicht nur Begleiter im Alltag, sondern erfüllen auch emotionale Bedürfnisse. Viele Menschen schlafen mit ihren Vierbeinern sogar im selben Bett. Ein dreiköpfiges Forschungsteam aus Australien und den USA hat untersucht, inwiefern Hunde den Schlaf beeinflussen. Frühere Studien hatten ergeben, dass die Tiere die Qualität des menschlichen Schlafs beeinträchtigen können, wobei die Besitzer:innen selbst diese Störungen nicht zwingend wahrnahmen.

Die Forscher:innen zeichneten bei zwölf Probandinnen und ihren Hunden die Aktivität während des Schlafes auf. Dazu nutzten sie Beschleunigungsmesser, die 14 Nächte lang am Handgelenk der Besitzerinnen beziehungsweise den Halsbändern der Hunde befestigt waren. Zusätzlich führten die Teilnehmerinnen morgens ein Schlaftagebuch. Darin bewerteten sie ihre Schlafqualität und notierten, ob und wie stark sie durch ihren Hund oder andere Faktoren gestört wurden. Dabei zeigte sich, dass die Tiere den Schlaf ihrer Besitzerinnen öfter beeinflussten, als diesen bewusst war.

Beim Teilen eines Bettes können sich laut den Forscher:innen physiologische Prozesse zwischen den Schlafpartner:innen zu einem gewissen Grad

Hunde von Katapult Mitarbeitenden

Lieblingsessen · Eigenheiten

Ole
Schnudel

Hühnchen und Joghurt, Gewürzspekulatius (kriegt er aber ungefähr nie)

der am höchsten aus dem Stand hopsende Hund

Lizzy
Rumänische Dogge

hauptsache kein Obst und Gemüse

presst gerne ihre nasse Nase in fremde Kniekehlen

synchronisieren. Das heißt, dass sich bestimmte Abläufe im Körper – ob mit einem Partner, Kind oder Haustier – angleichen. Frauen profitieren besonders davon, da sie in der Nähe eines menschlichen Schlafpartners schneller einschlafen. Ein unterschiedlicher Schlafrhythmus, Bewegungen oder Störungen wie Toilettengänge können den Schlaf jedoch beeinträchtigen. Auch äußere Faktoren wie etwa Verkehrslärm können sich negativ auswirken.

Die Studie ergab, dass nächtliche Aktivität der Hunde häufiger mit Aktivität ihrer Besitzerinnen einherging als umgekehrt: Die Hälfte der menschlichen Bewegungen fand gleichzeitig mit Bewegungen der Hunde statt. Nur 18 Prozent der Hundebewegungen dagegen geschahen gleichzeitig mit denen ihrer Frauchen. Zudem gingen die Frauen dreimal häufiger in einen Bewegungszustand über, wenn ihr Hund sich bewegt hatte, als wenn er dies nicht getan hatte. Dennoch nahmen die Frauen dies selten bewusst wahr.

Das Fazit der Forscher:innen: Obwohl die Anwesenheit eines Hundes objektiv die Schlafqualität beeinträchtigen kann, überwiegt möglicherweise das subjektive Gefühl von Sicherheit und Geborgenheit diese negativen Einflüsse. Hunde im Bett scheinen also eher beruhigend zu wirken und mögliche Schlafstörungen zu relativieren.

Studiendesign

Stil	quantitativ
Dauer	Querschnitt
Erhebung	Experiment
Veröffentlichung	Fachzeitschrift

Yuma
Border Collie

Käse-Cracker

muss zur Begrüßung jedem die Hand schütteln und schläft am liebsten auf dem Rücken mit allen vier Pfoten in der Luft

Luna
Mischling

Quark und Frischkäse - am liebsten die Reste im Becher

hasst es, wenn Leute hinter ihr laufen

STUDIE

Wer seinen Hund zum Arztbesuch mitnimmt, hat weniger Schmerzen

Studie: „Pet dogs succeed where human companions fail: The presence of pet dogs reduces pain" von Heidi Mauersberger, Anne Springer, Aikaterini Fotopoulou, Christophe Blaison und Ursula Hess (August 2024)

Kurz: Probandinnen, die einen Schmerztest in Begleitung eines Hundes absolvieren, empfinden weniger Schmerzen als jene, bei denen eine Freundin anwesend ist.

In der Psychologie ist schon lange bekannt: Schmerzen sind nicht gleich Schmerzen. Als wie intensiv und unangenehm sie empfunden werden, hängt von vielen Faktoren ab – auch von der eigenen Stimmungslage: Eine negative Stimmung intensiviert das Schmerzempfinden, eine positive hingegen reduziert den unangenehmen Reiz.

Was wirkt noch auf die Schmerzwahrnehmung? Das unmittelbare soziale Umfeld. So das Ergebnis einer aktuellen Studie, bei der 74 Frauen einen Schmerztest absolvierten. Die Aufgabe bestand darin, eine Hand so lange wie möglich (und maximal für fünf Minuten) in einen Behälter mit eiskaltem Wasser zu halten. Während des Experiments hatte ein Teil der Teilnehmerinnen den eigenen Hund dabei, die zweite Gruppe sollte eine Freundin mitbringen und die übrigen Frauen machten den Test ohne Begleitung. Während des Experiments maßen die Wissenschaftler:innen die Schmerzintensität: So gaben die Frauen 30 Sekunden nach Eintauchen in das Wasserbecken und nach Ende des Versuchs auf einer Skala von 0 bis 100 an, wie stark ihre Hand wehtat. Außerdem wurden körperliche Parameter – wie der Herzschlag oder die Muskelspannung in Kiefer und Stirn – gemessen sowie mithilfe eines Fragebogens das Gefühl von Hilflosigkeit, nichts gegen den Schmerz unternehmen zu können, erfasst.

Bemerkenswert: Die Auswertung dieser Messungen ergab, dass die Probandinnen mit eigenem Hund deutlich weniger Schmerzen litten, geringere körperliche Schmerzreaktionen zeigten, die Hand länger im kalten Wasser halten konnten und sich weniger hilflos gegenüber dem unangenehmen Reiz fühlten als Probandinnen, die sich in menschlicher Begleitung oder alleine dem Experiment unterzogen.

Warum ist das so? Eine mögliche Antwort lautet, dass die Hunde zwar eine enge emotionale Bindung zum Menschen aufbauen, die Schmerzreaktionen aber nicht bewerten. Die Anwesenheit eines Freundes hingegen kann sogar Druck ausüben, was bereits frühere Versuche nahegelegt haben. Hunde sind in diesen Situationen die besseren Tröster.

Milow
Mischling

Käse & Markknochen

tut bei neuen Menschen so, als würde er nie gestreichelt werden. Manchmal ne Diva, manchmal ein Streuner

Hexe
Australian Shepherd

rohes Ei

hasst Langeweile und die AfD

Anteil der Haushalte, in denen mindestens ein Hund lebt

2023, in Prozent, innerhalb der Europäischen Union

- 10-20
- 21-30
- 31-40
- 41-50

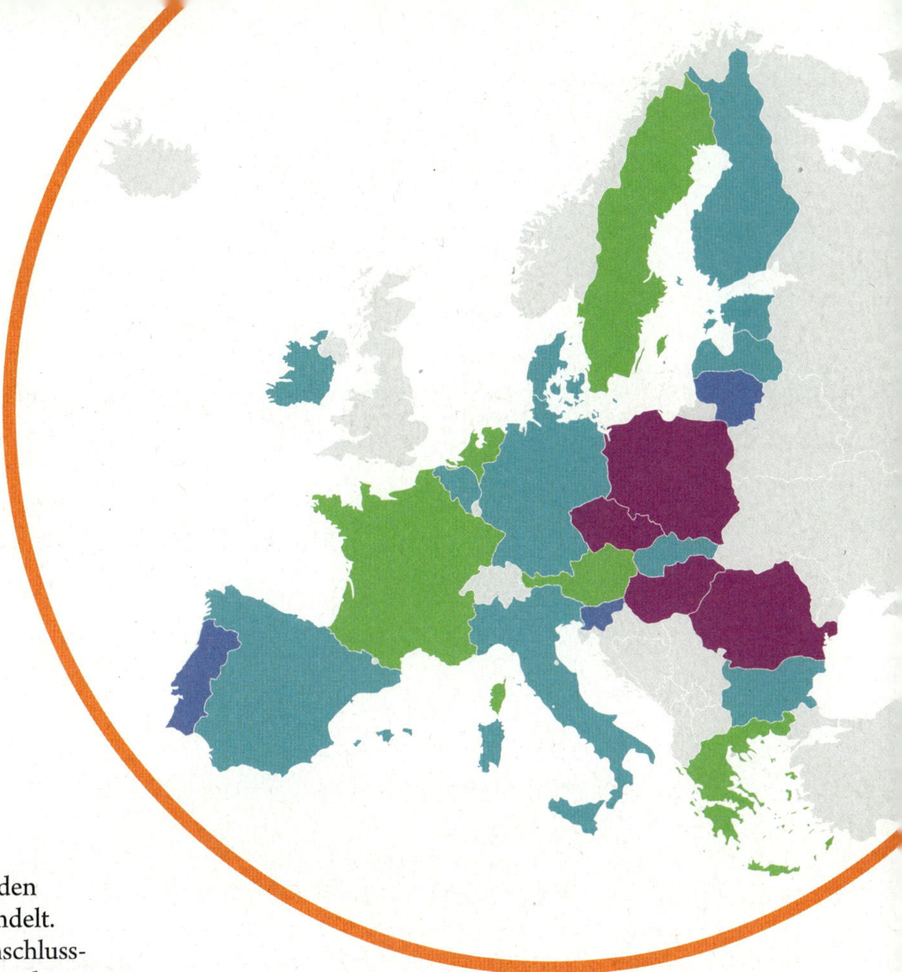

Das gilt selbst dann, wenn es sich nicht um den eigenen, sondern um einen fremden Hund handelt. Das fanden die Wissenschaftler in einem Anschlussexperiment heraus, bei dem der Test in leicht abgewandelter Weise durchführt wurde. Dieses Mal waren die Probandinnen selbst keine Hundebesitzerinnen und führten den Wassertest dreimal durch: einmal mit einem fremden Hund im Versuchsraum, einmal mit einer fremden Person und einmal alleine. Auch hier zeigte sich, dass die Anwesenheit eines Hundes alles in allem das Schmerzempfinden und die Schmerzreaktion deutlicher reduzieren konnte als die Anwesenheit einer Person. Dieser Effekt hing allerdings maßgeblich davon ab, ob die Probandin generell Hunde mochte oder ihnen gegenüber zumindest unkritisch eingestellt war. War das nicht der Fall, fühlte sie sich in Anwesenheit einer Person besser. Hunde sind also insbesondere bei Tierliebhabern bessere Begleiter bei schmerzhaften medizinischen Eingriffen als Menschen.

Studiendesign

Stil	quantitativ
Dauer	Querschnitt
Erhebung	Experiment
Veröffentlichung	Fachzeitschrift

Berta
Schäferhündin

abgekochte Innereien

sehr lieb und verschmust, gehorcht nur, wenn sie freundlich angesprochen wird, sonst schaltet sie auf Durchzug

Jura
Labrador

Postboten

kann sprechen, spielen wie ne Katze und bellen wie eine Bestie, Schläft am liebsten auf dem Kopfkissen

FORTSCHRITT

Kindersterblichkeit weltweit gesunken

Die Kindersterblichkeit ist in den letzten 200 Jahren drastisch zurückgegangen. Noch bis 1800 erreichte mehr als ein Drittel der Kinder nicht das fünfte Lebensjahr. Durchschnittlich bekamen Frauen damals zwischen fünf und sieben Kinder, der Verlust von zwei bis drei von ihnen war keine Seltenheit. Das legen demografische Untersuchungen nahe.

Seitdem haben sich Medizin, Hygiene sowie die Wasser- und Lebensmittelversorgung deutlich verbessert – auch wenn die Kindersterblichkeit in einigen Regionen noch immer erschreckend hoch ist.

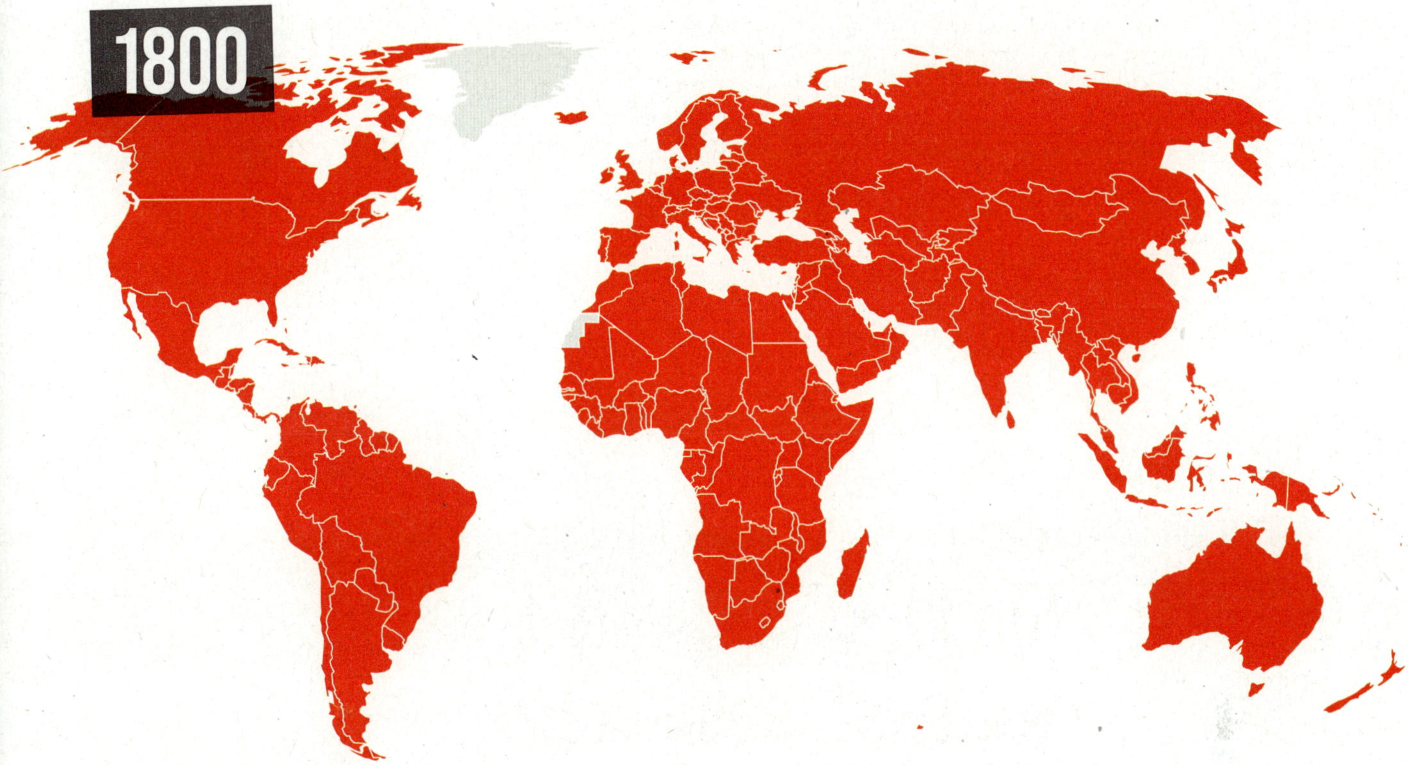

Anteil der Lebendgeborenen,
die vor ihrem 5. Geburtstag sterben

0 % 1 % 5 % 10 % 20 % 30 % 60 %

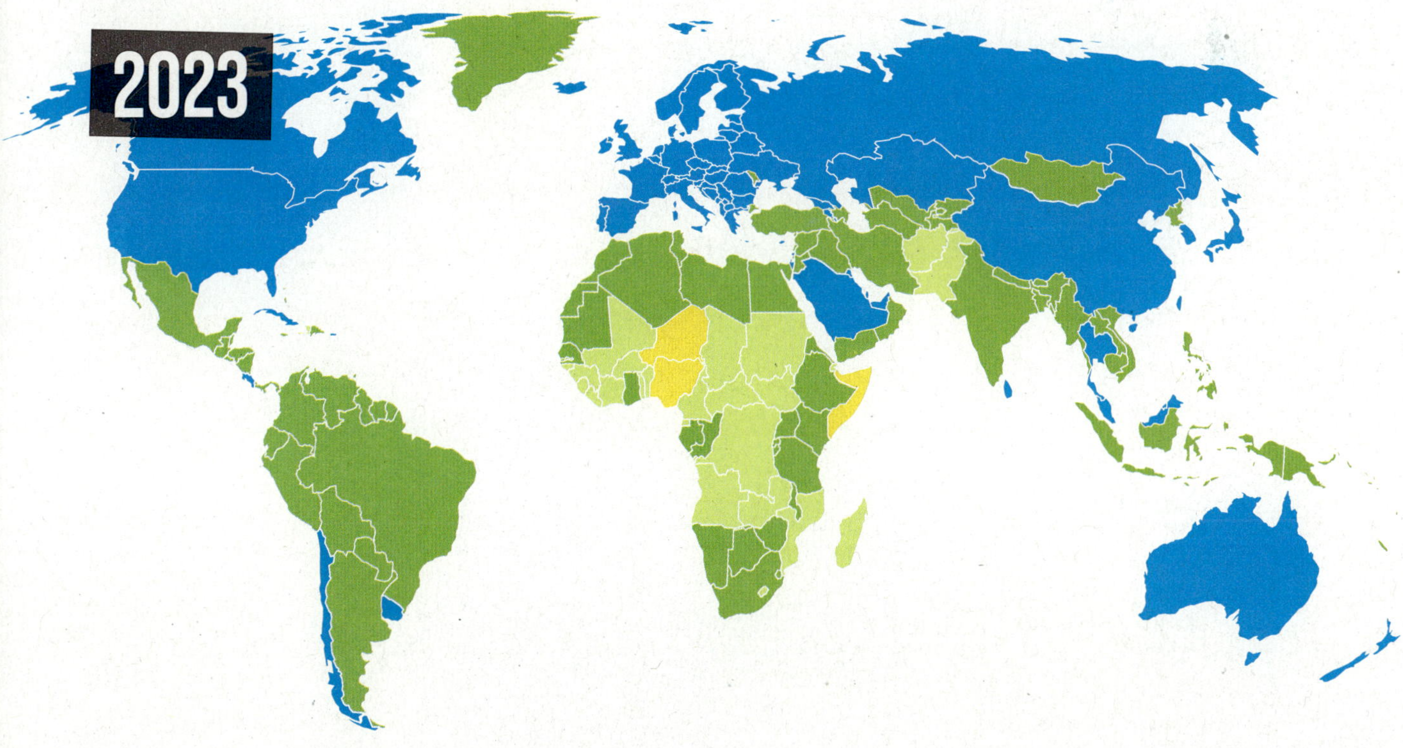

Regionales Bruttoinlandsprodukt in der EU

2022, in Prozent des EU-Durchschnitts

- über 150
- 125-149
- 100-124
- 75-99
- unter 75

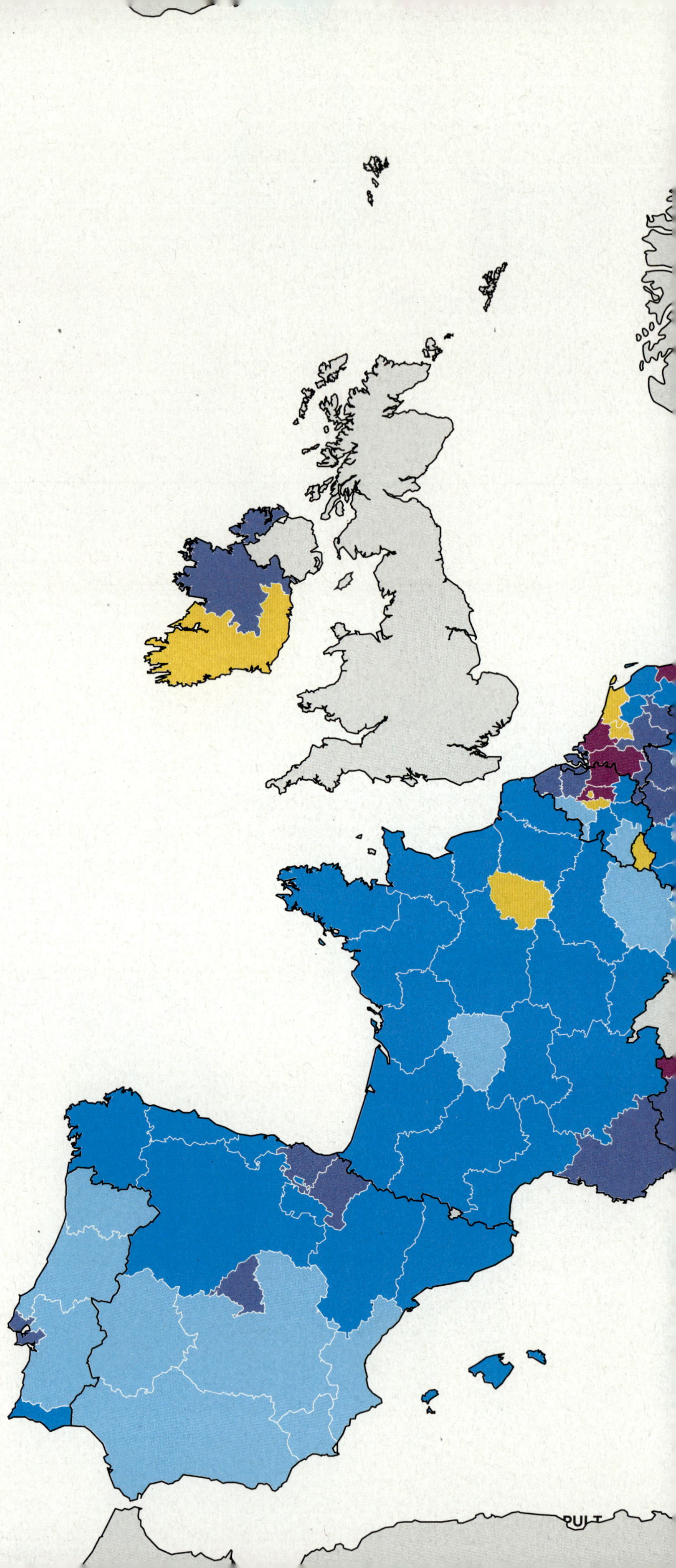

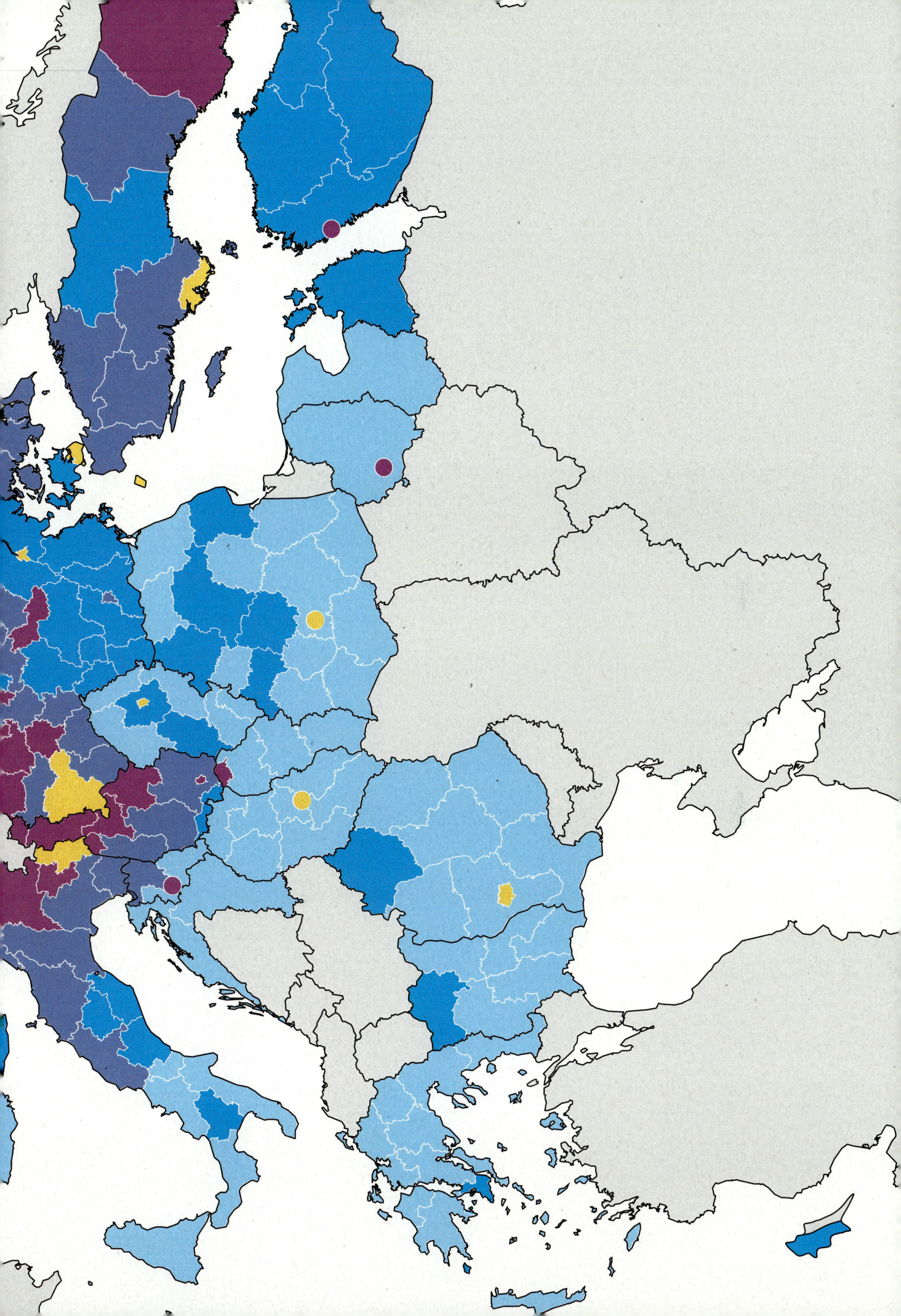

Cannabiskonsum in den USA

2024

- legal
- für medizinische Zwecke legal und entkriminalisiert
- für medizinische Zwecke legal
- entkriminalisiert
- illegal, bis auf CBD-Produkte
- illegal

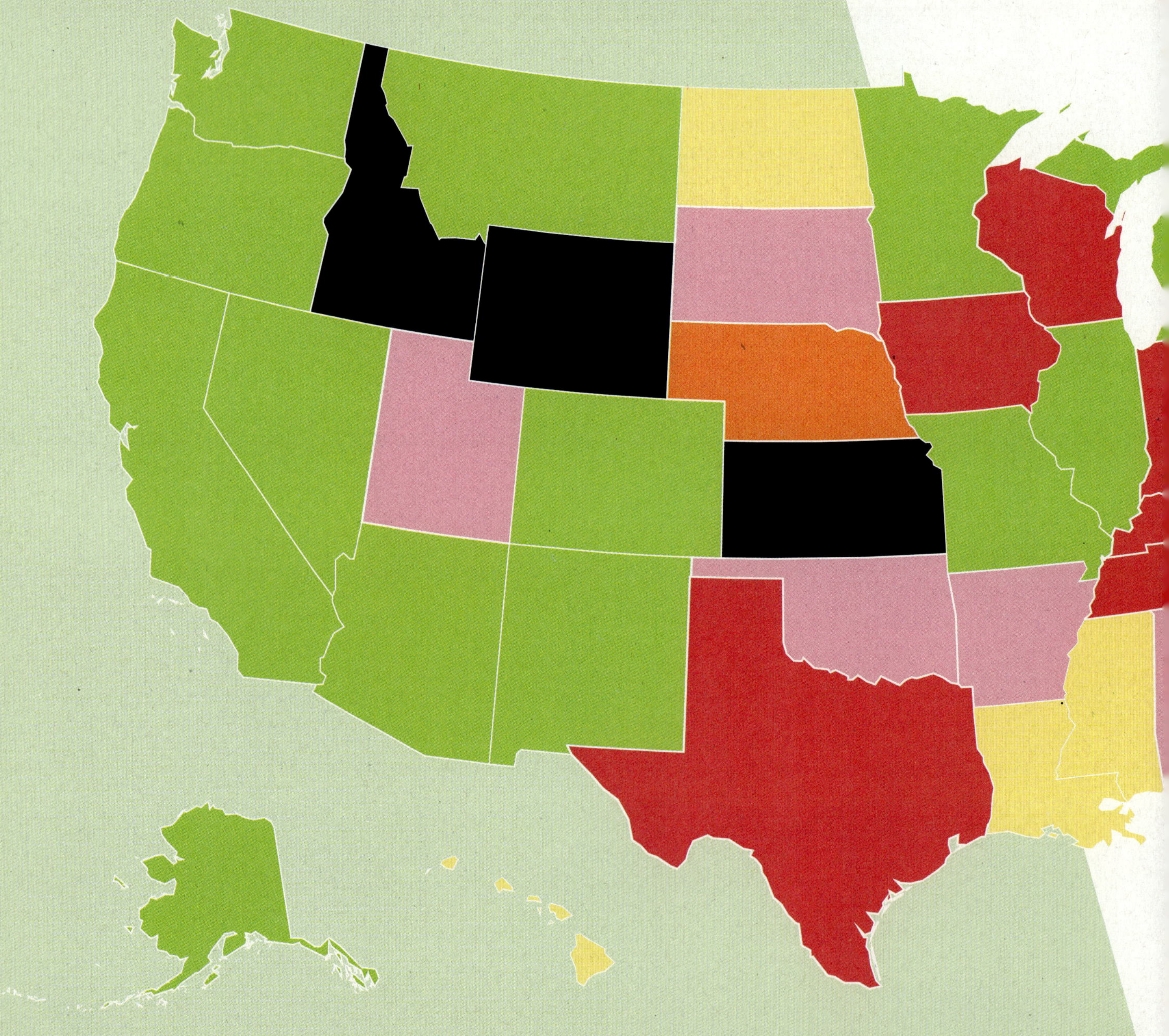

STUDIE

Der tägliche Joint wird bei Amerikanern immer beliebter

Studie: „Changes in self-reported cannabis use in the United States from 1979 to 2022" von Jonathan P. Caulkins (Mai 2024)

Kurz: Im Jahr 2022 wurden in den USA erstmals mehr tägliche Cannabisnutzer als Alkoholtrinker erfasst.

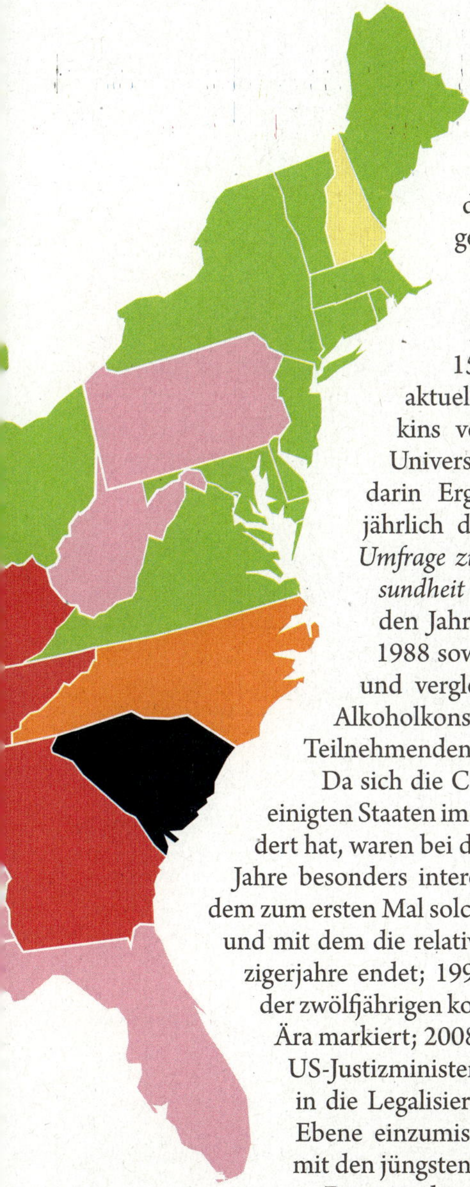

Am 1. Januar 2014 legalisierte Colorado als erster US-Bundesstaat den Konsum von Marihuana. Mittlerweile hat fast die Hälfte der 50 Staaten nachgezogen. Die Zahl der täglichen oder nahezu täglichen Nutzer stieg zwischen 1992 und 2022 um das 15-Fache. Das ergibt eine aktuelle Studie. Jonathan Caulkins von der Carnegie Mellon University in Pittsburgh wertet darin Ergebnisse der mittlerweile jährlich durchgeführten *Nationalen Umfrage zu Drogengebrauch und Gesundheit* und ihres Vorgängers aus den Jahren 1979, 1982, 1985 und 1988 sowie von 1990 bis 2022 aus und vergleicht den Cannabis- und Alkoholkonsum der über 1,6 Millionen Teilnehmenden.

Da sich die Cannabispolitik in den Vereinigten Staaten im Laufe der Zeit stark verändert hat, waren bei der Auswertung bestimmte Jahre besonders interessant: 1979, das Jahr, in dem zum ersten Mal solche Daten erhoben wurden und mit dem die relativ liberale Politik der Siebzigerjahre endet; 1992, das Jahr, das das Ende der zwölfjährigen konservativen Reagan-Bush-Ära markiert; 2008, das letzte Jahr, bevor das US-Justizministerium beschloss, sich nicht in die Legalisierung auf bundesstaatlicher Ebene einzumischen; und das Jahr 2022 mit den jüngsten verfügbaren Daten.

Der von den Teilnehmern angegebene Cannabisgebrauch war 1992 – als Folge der restriktiven Politik von 1980 bis 1992 – auf einen Tiefpunkt gesunken, erholte sich jedoch bis 2008 und stieg anschließend bis 2022 stark an. Das gilt insbesondere für den intensiveren Konsum: Im Jahr 2022 war der angegebene Konsum pro Person im Vergleich zu 2008 um mehr als 120 Prozent und die Anzahl der Tage, an denen konsumiert wurde, sogar um 218 Prozent gestiegen.

Bei Alkohol sieht die Entwicklung anders aus. Während 1992 noch zehnmal so viele Personen angaben, täglich oder beinahe täglich Alkohol zu konsumieren (8,9 gegenüber 0,9 Millionen bei Cannabis), nahmen dreißig Jahre später erstmals mehr Menschen täglich oder beinahe täglich Cannabis zu sich als Alkohol (17,7 gegenüber 14,7 Millionen).

Zwar trinken weitaus mehr Menschen – aber der häufige Konsum von Alkohol ist weniger verbreitet als der von Cannabis. Bei der Erhebung 2022 gab der mittlere Alkoholkonsument an, im vergangenen Monat an vier bis fünf Tagen getrunken zu haben, der mittlere Cannabiskonsument hingegen hatte eigenen Angaben zufolge ungefähr jeden zweiten Tag gekifft.

Caulkins stellt fest, dass diese Entwicklungen mit den politischen Veränderungen im Umgang mit Cannabis einhergehen. Als die Regeln strenger waren, nahm der Konsum ab, als man die Regeln lockerte, nahm er zu. Das bedeute jedoch nicht zwangsläufig, dass die Politik für die Veränderungen im Konsum verantwortlich ist – eher könne beides Ausdruck von Veränderungen in der Gesellschaft und den persönlichen Einstellungen sein.

Studiendesign

Stil	quantitativ
Dauer	Längsschnitt
Erhebung	vorhandene Daten
Veröffentlichung	Fachzeitschrift

ANTI-SCHWARZER RASSISMUS

Wie viele Schwarze haben in den letzten fünf Jahren rassistische Diskriminierung erlebt?

Die Geschichte der schwarzen Community in Deutschland ist wenig erforscht. Schwarze Menschen sind in Deutschland bereits seit dem 12. Jahrhundert auf Gemälden dokumentiert. Zwischen dem 16. und 18. Jahrhundert nahmen sie unterschiedliche Rollen ein: Einige wurden als Sklaven gehalten, andere arbeiteten als Diener oder Musiker im Militär und konnten sich integrieren und sozial aufsteigen.

Im 18. Jahrhundert wurden Afrikaner gezielt an deutschen Höfen eingesetzt, um ihnen berufliche Fähigkeiten oder den Geist der Aufklärung zu vermitteln. Arbeit bekamen sie auch in den Häfen, als Künstler oder in der Prostitution. Im darauffolgenden Jahrhundert nahm die Zahl der Schwarzen in Deutschland zu, nicht zuletzt wegen der Schiffsverbindungen in die neuen deutschen Kolonien. Manche kamen gezwungenermaßen, andere freiwillig.

Zur gleichen Zeit war es eine weit verbreitete und lukrative Praxis, Schwarze zur Unterhaltung eines weißen Publikums auszustellen, etwa in der Einrichtung des Hamburger Zoodirektors Carl Hagenbeck. Für die Berliner Kolonialausstellung 1896 wurden Hunderte Menschen aus den Kolonien nach Deutschland gebracht. Einige ließen sich dauerhaft nieder und bildeten bis zum Ersten Weltkrieg schwarze Gemeinschaften, heirateten, bekamen Kinder. Einige Männer aus den Kolonien dienten in der kaiserlichen Armee oder arbeiteten in Munitionsfabriken. Durch den Versailler Vertrag verlor Deutschland seine Kolonien, viele Schwarze konnten nicht nach Afrika zurückkehren. Sie blieben staatenlos.

In der Weimarer Republik entstanden die ersten schwarzen Gemeinden in Berlin und Hamburg. Doch mit der Machtübernahme der Nationalsozialisten begann die systematische Ausgrenzung. Mit den Nürnberger Gesetzen wurden 1935 Zwangssterilisationen und Haftstrafen verhängt. Im Zweiten Weltkrieg wurden Schwarze und ihre weißen Partner verstärkt verfolgt, inhaftiert oder ermordet. Viele überlebten die NS-Herrschaft nicht oder flohen aus Deutschland.

Die Anteil der Schwarzen an der Bevölkerung ist heute unklar, da sie in Deutschland statistisch nicht gesondert erfasst werden wie etwa in Frankreich oder den Vereinigten Staaten. Das Netzwerk *Each One Teach One* schätzt, dass mehr als eine Million schwarze Menschen in Deutschland leben.v

Rassistische Übergriffe

Drohungen, Gesten, unangemessene Blicke, in Prozent, 2018-2022, 6.752 Befragte

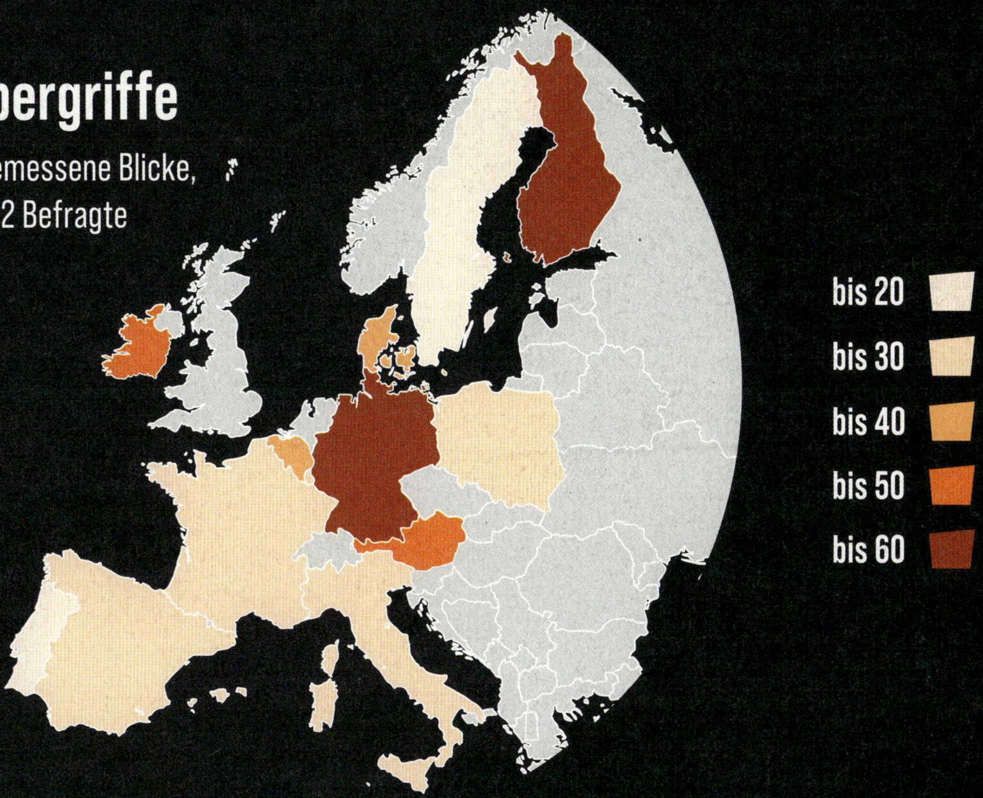

Rassistische Gewalt

körperliche Gewalt wie Schläge oder Tritte, in Prozent, 2018-2022, 6.752 Befragte

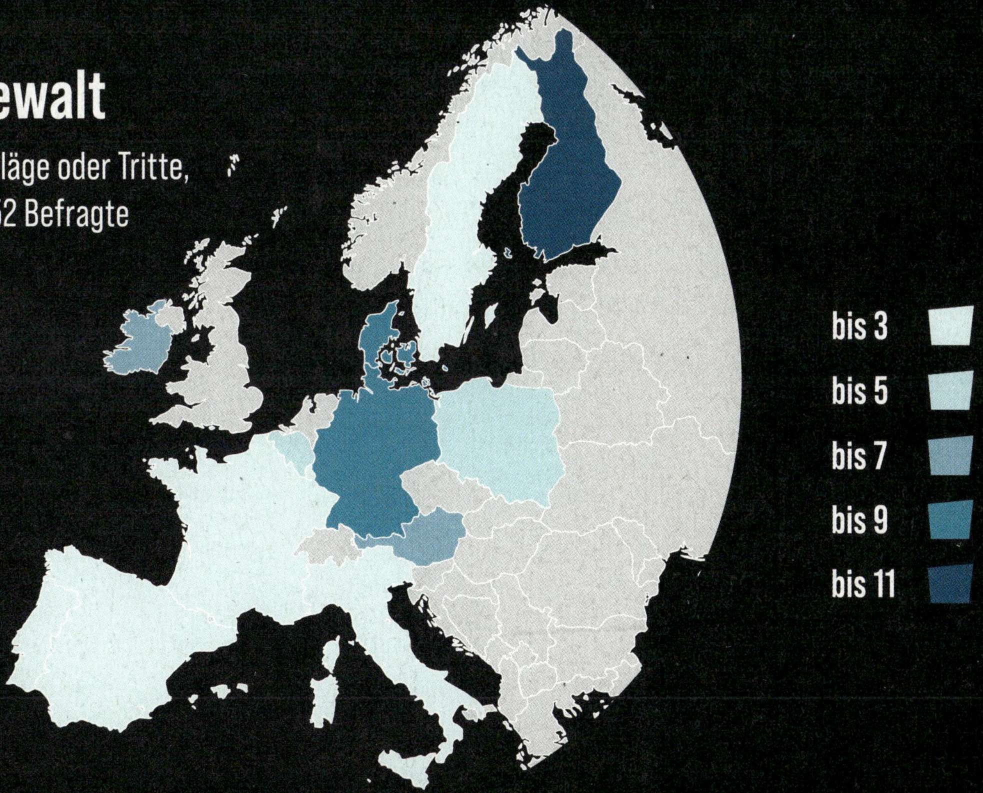

Ideengeber der Neuen Rechten

pfleg(t)en Kontakte

ideologischer Einfluss

Autorenschaft/Mitarbeit

(außer-)journalistische Kooperationen

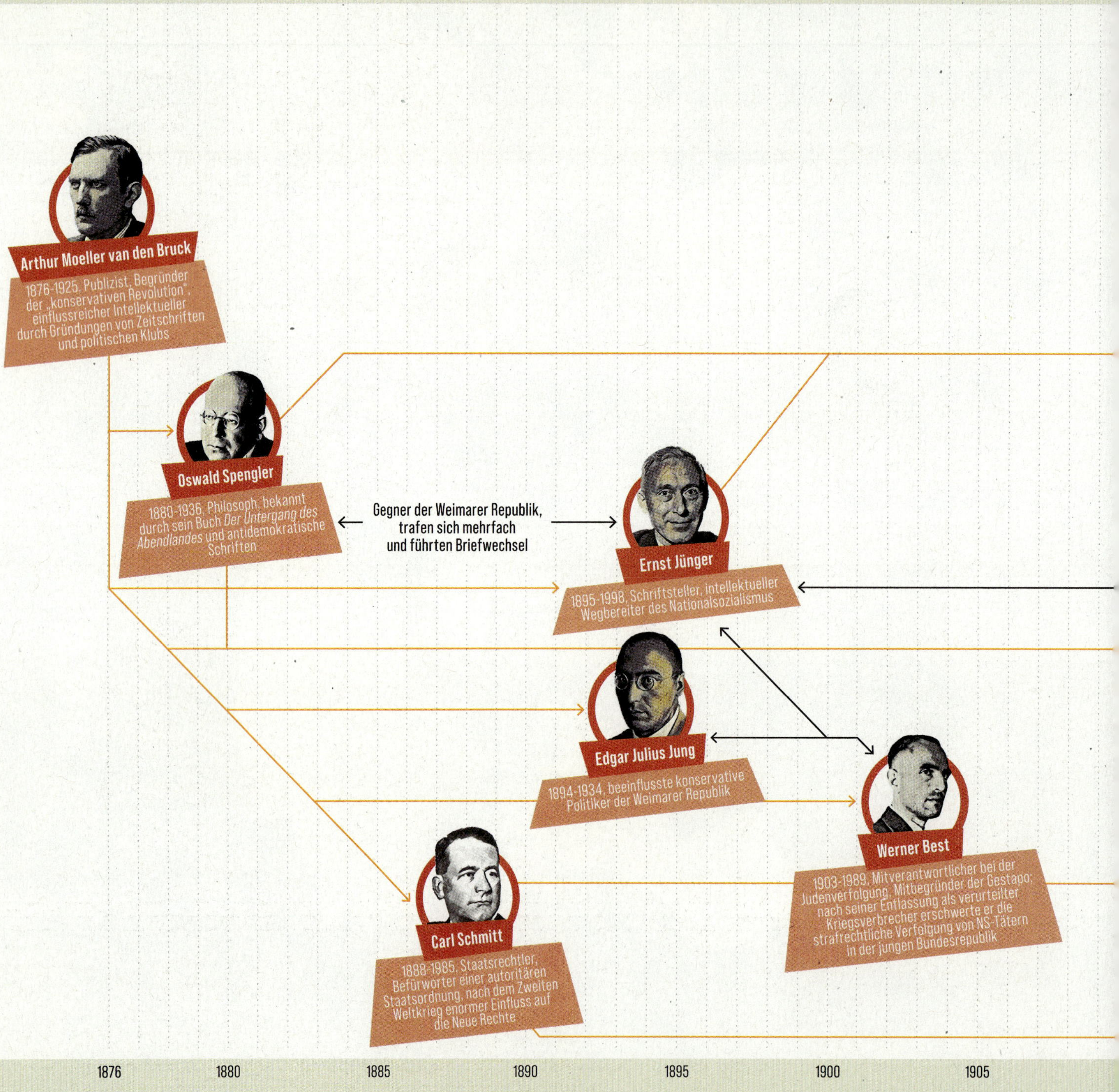

Der Begriff „Neue Rechte" bezeichnet eine politische Strömung, die rechtsextreme Ideen theoretisch unterfüttert und seit den Sechzigerjahren in Europa an Bedeutung gewonnen hat. Viele der Theorien stammen aus jener Zeit. Die Ideengeber der Neuen Rechten haben bis heute großen Einfluss auf das Gedankengut der heutigen rechtsextremen Bewegung.

Arthur Moeller van den Bruck und Oswald Spengler zählen zu den frühen Vordenkern. Moeller van den Bruck prägte die Bezeichnung „Drittes Reich" und träumte von einer starken, autoritären Ordnung, die Deutschland nach dem Ersten Weltkrieg erneuern sollte. Spengler, bekannt für sein Werk *Der Untergang des Abendlandes,* sah die westliche Zivilisation in einem unvermeidbaren Niedergang begriffen, den er mit dem Verlust von traditionellen Werten verband.

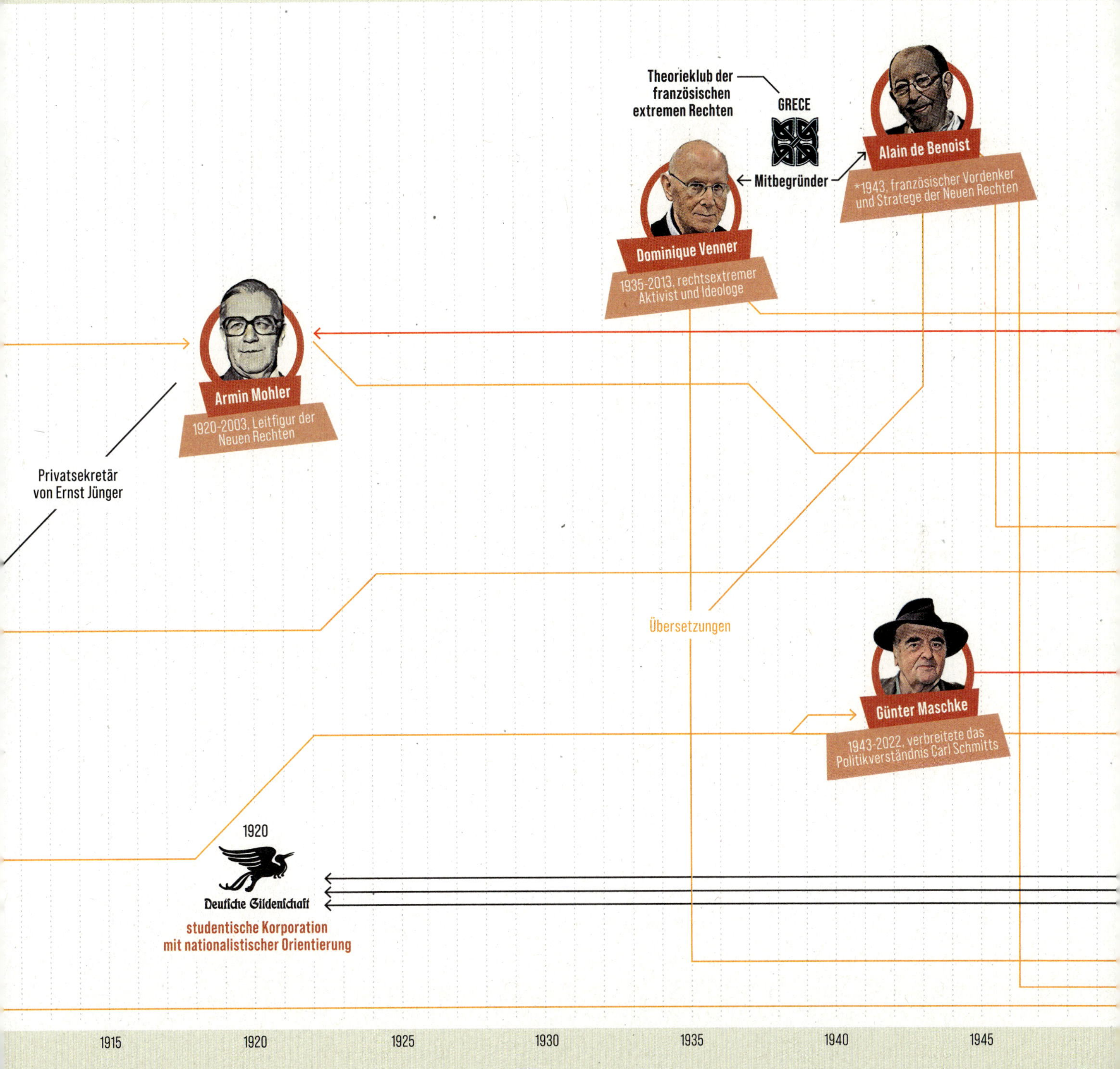

Julius Evola und Armin Mohler folgten dieser Linie, wobei Evola besonders durch seine mystische und elitäre Kritik an der Moderne herausstach. Mohler, der den Begriff der „konservativen Revolution“ prägte, sah sich als Vermittler zwischen den Ideen der Weimarer Zeit und der Neuen Rechten.

Heute spielen besonders Götz Kubitschek, Dieter Stein und Günter Maschke eine zentrale Rolle in der Verbreitung rechtsextremer Theorien in Deutschland. Kubitschek ist einer der führenden Köpfe der deutschen Neuen Rechten und organisiert unter anderem das rechte Netzwerk „Institut für Staatspolitik“. Dieter Stein gründete die Wochenzei-

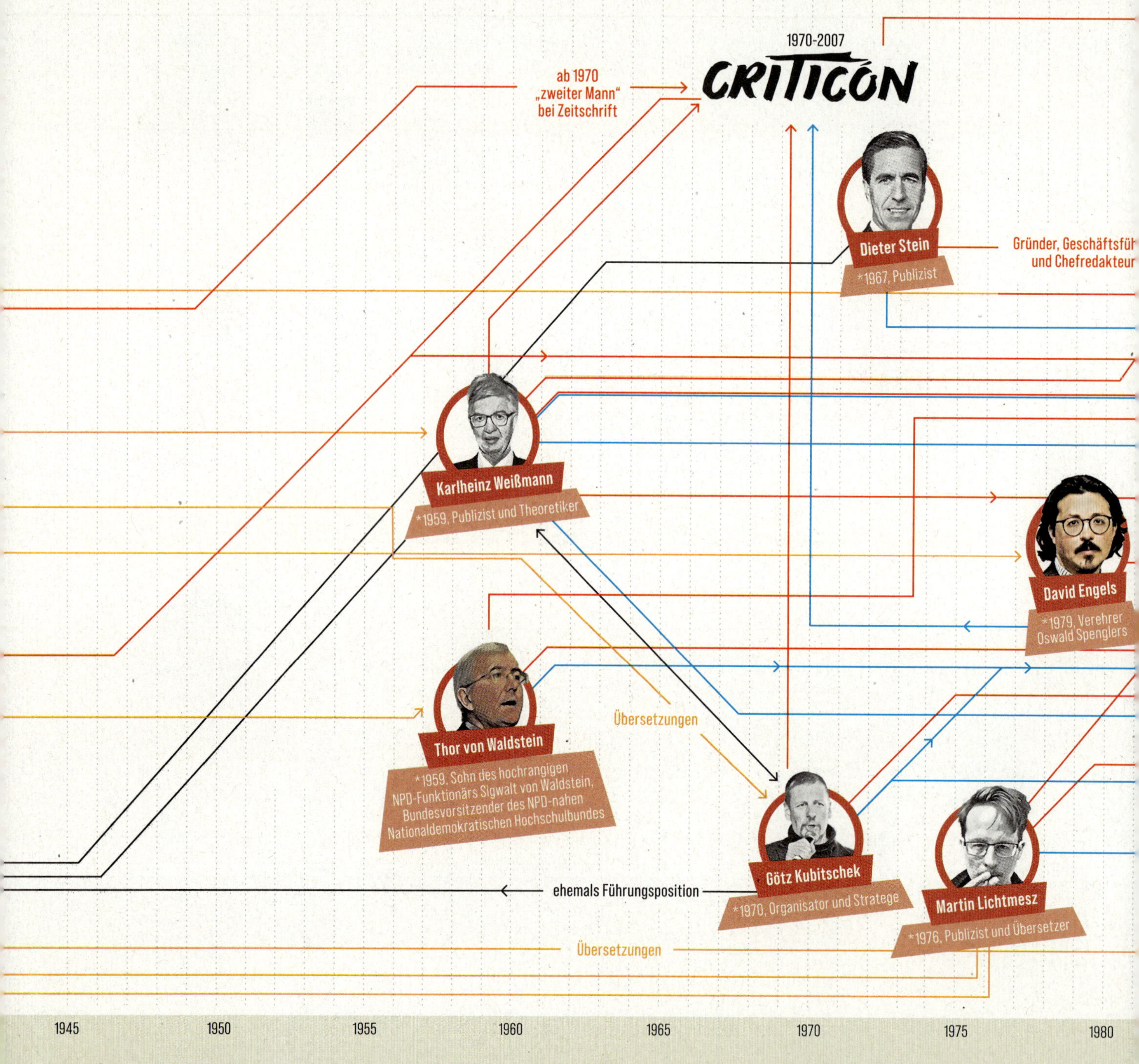

tung *Junge Freiheit,* die als Sprachrohr der Bewegung dient. Günter Maschke, zunächst links eingestellt, wurde später zu einem wichtigen Theoretiker der Neuen Rechten und setzte sich intensiv mit konservativen und antidemokratischen Ideen auseinander.

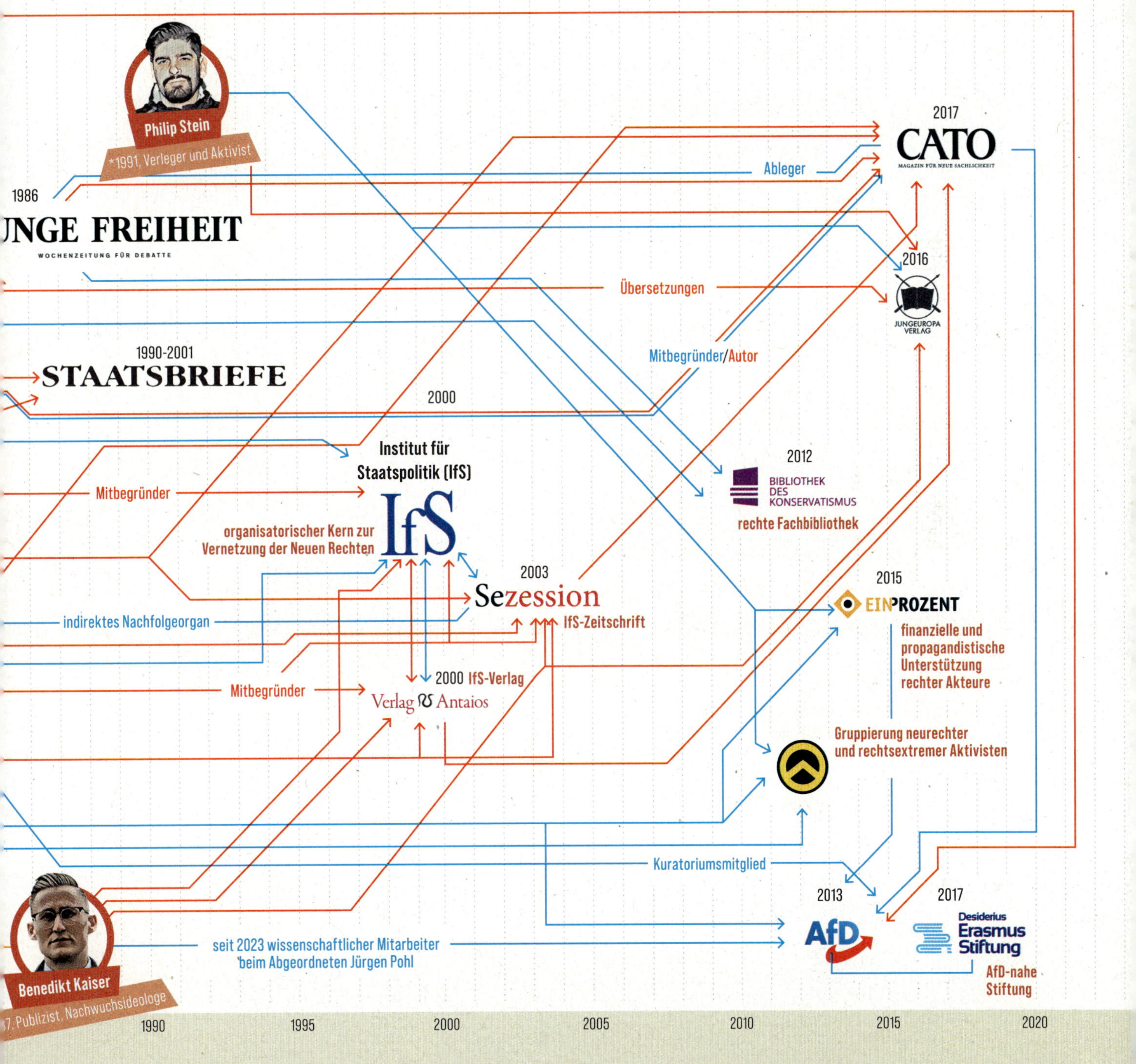

Auftritte deutscher Naziinterpreten im Ausland

2017 bis 30. März 2024

Rechtsextreme Musiker aus Deutschland nutzen auch internationale Veranstaltungen, um ihre extremistischen Botschaften zu verbreiten. Solche Auftritte finden oft in Ländern statt, in denen die rechtsextreme Szene ebenfalls aktiv ist. Bands wie *Mistreat, Hundriver, Iberian Wolves, Gesta Bellica, Bullets, Sons of Odin* oder *Die Lunikoff-Verschwörung* spielen besonders gerne in Italien, Tschechien und Ungarn.

Die Lunikoff-Verschwörung
Blutzeugen
Sick Society, Violence Station, Samizdat, Dead Masaryx
Exzess, Fight Tonight
Kategorie C, Kraftschlag
Blutzeugen
Blutzeugen, White Law, Mr. Obled, Odwed
Stahlfront, Nordglanz, Absurd (2x), Terrorsphära, Kategorie C, Brainwash
Oidoxie, Brainwash
The White Gigolos
Kriegsberichter, Thumbscrew, Operace Artaban, Dead Masaryx, Bloody Mary, Endstufe
Sachsenblut, Stahlwerk Blutzeugen, Heiliger Krieg, Exzess, Confident of Victory
Leichenzug, Unholy War, Der Tod und die Landsknechte, Sekhmet, Vinterstille, Kalmankataia, Murrum, Graveland, Wehrhammer, Krematorium, Sargeist
FreilichFrei
Kommando 192, Hausverbot, Kategorie C, Germanium, Flak
I C 1
Verboten
Flak, Breakdown, Carpe Diem, Germanium
Kategorie C, Flak, Sturmbrüder
Blitzkrieg, Division Germania, Heiliger Krieg
Prolligans
Endstufe, Schusterjungs
Kategorie C
Komplott
Skindogs, Hard & Smart
Blutzeugen (2x), Sons of Odin (2x), Fight Tonight, Bunker 84, Vervad, Feher Törveny, Mr. Obled, Verszerödes, Defender, Odessa, Brainwash, Germanium, Griffin (2x), Rommel, Flak solo, Flatlander, Ahnenblut
Stigger, Acciaio Vicente, Mr. Obled, JogosOnvedelem, Heiliger Krieg, Kodex Frei Iberian Wolves, Nativi, Kommando Skin, Blutzeugen, Hausmannskost, Estirpe Imperial
Oidoxie, F.I.E.L.
Odessa, Sleipnir
Barny
Nordglanz
Mr. Obled, Gesta Bellica, Flak Wet-Tones, White Minority,
Brainwash
Kavalier
Kommando Skin, Confident of Victory
Blutkult, Permafrost, Punkfront
Sleipnir
Endstufe
Bronson, Green Arrows, Match Retour, Heiliger Krieg, Front 776, No Prisöner, Oidoxie, Frontfeuer
Brainwash
Pugilato, Iberian Wolves, Blutzeugen
Kavalier, Sköll
Die Lunikoff-Verschwörung
Smart Violence, Post Mortem
Fraction, PWA, Gesta Bellica, Acciaio Vincente, Special Guest from Europe
Mistreat, Hundriver, Iberian Wolves, Gesta Bellica, Bullets, Sons of Odin
Terrorsphära

CORRECTIV
100 Karten
über Rechtsextremismus
KATAPULT

FRAGMENTE

SOLARPARKS

Versehentliche Naturschutzgebiete

Klar, sie sorgen für grünen Strom, aber Solarparks sind – frei nach Friedrich Merz – hässlich und schlecht für die Tierwelt. So könnte man meinen. Tatsächlich lässt sich das aber gar nicht so allgemein sagen. Auch Jäger sind zwiegespalten: Während die einen die zunehmende Zerschneidung der Landschaft mit entsprechenden Folgen für die Tierwelt beklagen, loben andere Solarparks als „Zugewinn für ihre Reviere". Niederwildjäger etwa berichten von steigenden Hasen-, Fasan- und Rebhuhnpopulationen. Die Flächen haben nämlich entscheidende Vorteile: Sie sind frei von Pestiziden und Dünger, und sie bieten Tieren Futter und Deckung vor Beutegreifern.

Was in der breiten Öffentlichkeit vielleicht noch weniger bekannt ist: Es gibt eine ganze Reihe von Studien, die viele verschiedene positive Nebeneffekte von Solarparks nachweisen. Allen voran profitieren – bei richtiger Bepflanzung – Insekten von den Anlagen.

So zeigte eine britische Studie im Jahr 2021, dass Solarparks vorteilhaft für Erdhummeln sind und sich sogar positiv auf deren Populationsdichte in der Umgebung auswirken. Zu einem ähnlichen Ergebnis kam eine 2023 veröffentlichte Feldstudie, die zwei Solarparks im US-Bundesstaat Minnesota untersuchte. Auf den Flächen, die mit einheimischen Gräsern und Wildblumen bepflanzt worden waren, hatte sich die Insektenpopulation innerhalb von nur fünf Jahren verdreifacht. Die Zahl der Bienen stieg gar um das Zwanzigfache.

Eine Studie von 2019 hebt weitere Vorteile von Bepflanzungen hervor. Demnach verbessern tief wurzelnde Pflanzen die Bodenqualität und binden mehr Kohlenstoff, verringern die Erosion sowie den Abfluss von Regenwasser und fördern damit die Neubildung von Grundwasser. Weil auf die Flächen außerdem kein Dünger ausgebracht wird, verbessert sich auch die Grundwasserqualität.

Dieselbe Studie kam außerdem zu dem verblüffenden Ergebnis, dass sich in der Nähe von richtig bepflanzten Solarparks höhere Ernteerträge erzielen lassen, indem Bestäuberinsekten angezogen werden. Für die bestäuberabhängige Kulturpflanze Soja etwa wurde eine Ertragssteigerung von 6,3 Prozent errechnet.

Hinweise zur Grafik

Bei den Naturschutzgebieten und Nationalparks werden hier ausschließlich diejenigen auf dem Festland berücksichtigt. Marine Schutzgebiete sind ungefähr noch einmal so groß.

Bei den sogenannten Solarparks handelt es sich um Photovoltaik-Freiflächenanlagen. Anlagen auf oder an Gebäuden zählen hier nicht dazu.

Alle Nationalparks und Naturschutzgebiete in Deutschland sind zusammen so groß
und alle Solarparks zusammen so
129,4 km × 129,4 km
19,9 km × 19,9 km

STUDIE

Warum nominiert die SPD so wenig Arbeiter:innen für politische Ämter?

Studie: „Careerism and working-class decline: The role of party selectorates in explaining trends in descriptive (mis-)representation" von Lea Elsässer (April 2024)

Kurz: Arbeiter:innen sind im Bundestag unterrepräsentiert. Das ist vor allem bei der Arbeiterpartei SPD so. Die Gründe hierfür erfragte eine Wissenschaftlerin in mehreren Interviews.

Der Deutsche Bundestag ist in den letzten Jahrzehnten weiblicher und diverser geworden. Es gibt aber noch eine weitere, etwas weniger bekannte Entwicklung: Der Anteil an Berufspolitiker:innen hat seit den Sechzigerjahren zugenommen. Das zeigt eine Studie, die dieses Jahr in der Fachzeitschrift *Electoral Studies* erschienen ist. Berufspolitiker sind demnach Abgeordnete, die weniger als fünf Jahre außerhalb des politischen Betriebs tätig waren. Mittlerweile trifft das auf ungefähr jeden dritten Abgeordneten zu. Gleichzeitig ist die Zahl der Parlamentarier:innen mit langjähriger Erfahrung in einem Arbeiterberuf stark zurückgegangen.

Arbeiter:innen sind im Parlament also unterrepräsentiert. Das kann zum Problem werden: Die Forschung hat gezeigt, dass Parlamente mit mehr Abgeordneten aus der Arbeiterklasse als legitimer angesehen werden. Fehlen sie, könnten große Teile der Bevölkerung sich nicht ausreichend vertreten fühlen, was etwa mit einer geringeren Wahlbeteiligung einhergehen kann. Besonders auffällig: Auch in der Fraktion der klassischen Arbeiterpartei SPD ist der Anteil der Berufspolitiker:innen stark gestiegen, während der Anteil der Arbeiter:innen gesunken ist. Dabei kann eine Partei auf verschiedenen Wegen beeinflussen, wer gute Chancen auf einen Einzug ins Parlament hat. Zum Beispiel über eine aussichtsreiche Position auf der Landesliste. Über die Kandidat:innen dieser Liste entscheiden die Wähler:innen mittels ihrer Zweitstimme. Warum also nominiert die SPD so wenig Arbeiter:innen, obwohl sie durchaus Einfluss auf die Kandidaten nehmen könnte?

Das fragte die Studienautorin Lea Elsässer zwanzig SPD-Politiker:innen aus Nordrhein-Westfalen kurz nach der Bundestagswahl 2021. Die Befragten hatten unterschiedliche Positionen in der Partei inne – einige waren gewählte Bundestags- oder Landtagsabgeordnete, andere Vorsitzende von Ortsverbänden oder Mitglieder der Jugendorganisation. Fast alle von ihnen waren an der Kandidatenauswahl für die Wahl beteiligt. Ihre Antworten zeigen, dass im Nominierungsprozess durchaus auf Diversität geachtet wird. Allerdings gilt das vor allem für Geschlecht, Migrationsgeschichte und Alter. Nicht aber für den beruflichen Hintergrund. Nur sehr wenige Interviewte gaben an, dass die Klassenzugehörigkeit überhaupt eine Rolle bei der Kandidatenauswahl spiele, und nur zwei der Befragten sagten spontan, es sei erstrebenswert, mehr Kandidaten ohne akademische Ausbildung zu nominieren. Die Bemühungen, vor allem jungen Menschen aussichtsreiche Plätze zu verschaffen, führten die Interviewten auf den starken Jugendverband der SPD, die Jusos, zurück.

Liegt die geringe Arbeiterquote vielleicht daran, dass die SPD den Trend zu mehr Berufspolitikern in der eigenen Fraktion nicht kennt? Nein. Den meisten Interviewten war durchaus bewusst, dass es immer weniger Sozialdemokraten mit Arbeiterhintergrund gibt. Außerdem stuften sie diese als genauso kompetent ein wie Berufspolitiker:innen. Mehr noch: Einige betonten, dass Arbeiter:innen oft besser geeignet seien, Wähler:innen zu mobilisieren.

Elsässer stellte also eine Spannung fest: Die Befragten wissen von der Unterrepräsentation, schätzen Arbeiter:innen sehr und nominieren doch verhältnismäßig wenige. Die Schuld sahen die Befragten aber weniger bei sich selbst, sondern machten größtenteils äußere Faktoren, wie unflexible Arbeitszeiten oder verständnislose Arbeitgeber, verantwortlich. Laut Elsässer ist diese Sichtweise problematisch: Die Partei entziehe sich so ihrer Verantwortung, große Teile ihrer eigenen Mitglieder zu repräsentieren. Immerhin hat rund ein Drittel der SPD-Mitglieder:innen keinen akademischen Hintergrund. Es gäbe also zumindest theoretisch genügend potenzielle Kandidat:innen.

Studiendesign

Stil	qualitativ
Dauer	Querschnitt
Erhebung	Interviews
Veröffentlichung	Fachzeitschrift

Anteil Berufspolitiker und Politiker aus der Arbeiterklasse

in den Bundestagsfraktionen, in Prozent

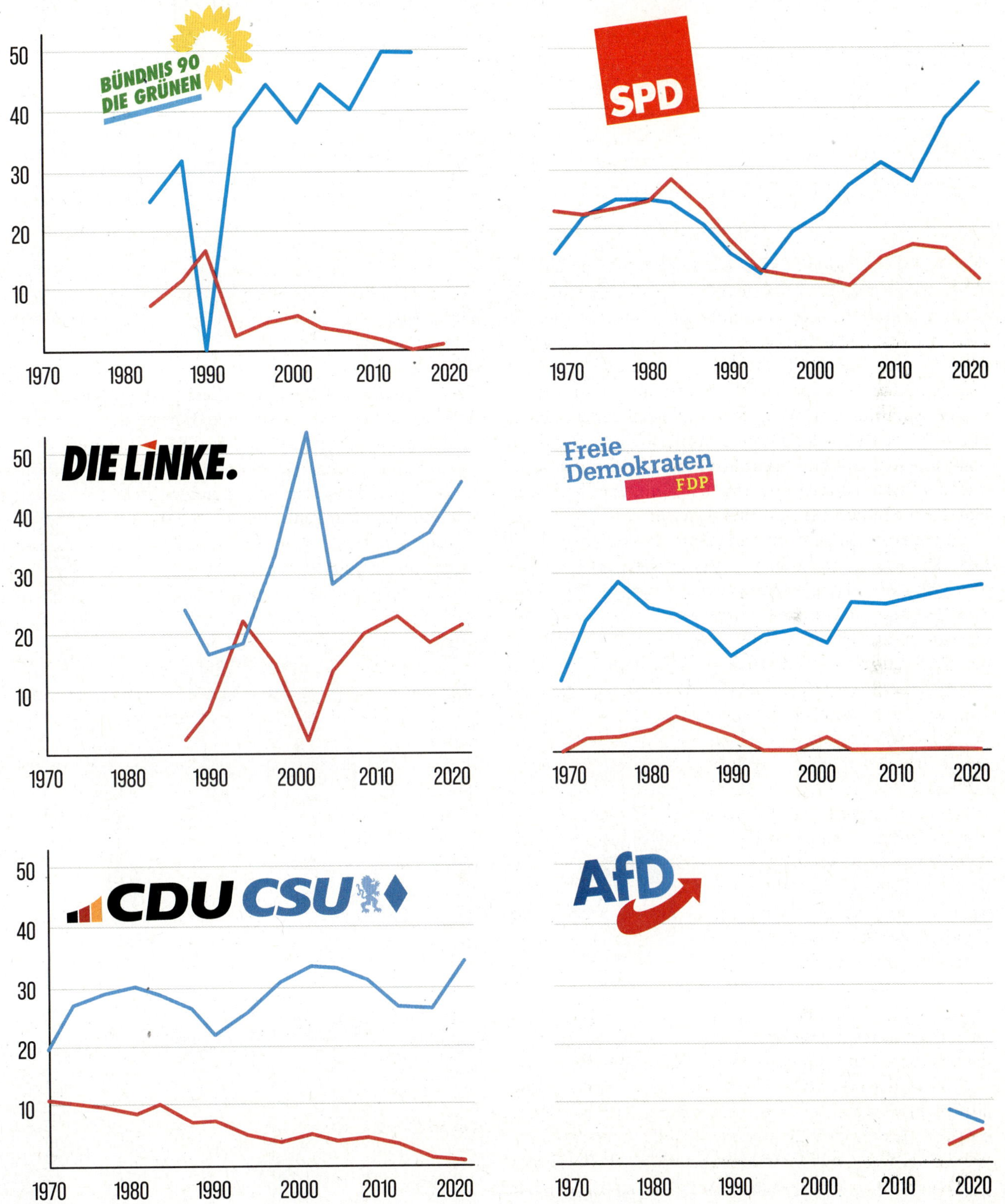

Trock’ne Zahlen

Wie viel Datenvolumen hat das Internet 2023 angehäuft?

120 Zettabyte

Wie viele deutschsprachige Bibeln wären das?
(eine Bibel ≙ 5,13 Megabyte)

23.400.000.000.000.000

Quellen: forbes.com; die-bibel.ch

Wie die Proteste Städte und Gemeinden vereinen

Die Enthüllung eines rechtsextremen Treffens in Potsdam hat seit Januar mehrere Millionen Menschen auf die Straße gebracht. Was ist ein Jahr später von den Protesten geblieben? Handelte es sich nur um ein Strohfeuer oder gibt es Perspektiven dauerhaften Engagements?

VON **FABIAN VIRCHOW**

Im Frühjahr 2024 demonstrierten in zahlreichen deutschen Städten Menschen gegen Rechtsextremismus und Demokratiegefährdung. Auslöser war die Recherche der Plattform *Correctiv* zu einem Treffen in Potsdam, bei dem Rechtsextremist:innen Pläne vorstellten, wie Millionen Menschen mit internationaler Familiengeschichte außer Landes gebracht werden können – und wie dies öffentlichkeitswirksam zu begleiten sei.

Bis Juni fanden mehr als 2.200 Versammlungen statt, über vier Millionen Menschen beteiligten sich[1] – quer durch die Republik, häufig auch in kleinen Orten. In den Reden wurde vor der Gefährdung der Demokratie durch die extreme Rechte (konkret: die AfD) ebenso gewarnt wie der rassistische Hintergrund der Pläne von Potsdam verdeutlicht. Vielfach wurde zur Solidarität aufgerufen und die Bereitschaft bekundet, solche Massendeportationen nicht zuzulassen.

Unter Beachtung von lokalen und regionalen Unterschieden lässt sich festhalten, dass sich die Protestierenden eher der Mittelschicht zurechnen und überdurchschnittlich hohe Bildungsabschlüsse haben.[2] Ihre Teilnahme speiste sich im Wesentlichen aus einer menschenrechts- und demokratiefreundlichen Weltsicht, die bereits der Unterstützungsarbeit im Rahmen der sogenannten Willkommenskultur ab 2015 zugrunde lag. Zu den örtlichen Demonstrationen riefen Sportvereine ebenso auf wie Kirchenverbände und Religionsgemeinschaften, kommunale Funktionsträger und regional tätige Unternehmen sowie zivilgesellschaftliche politische Gruppen. Viele nahmen erstmals an einer Demonstration teil und brachten selbstgefertigte Plakate oder Schilder mit. Sprechchöre mit Parolen waren die Ausnahme. In Reden wurden Solidarität und Zusammenstehen beschworen.[3]

Ein deutliches Zeichen gesetzt

Einer sehr großen Mehrheit ging es darum, angesichts des Potsdamer Treffens und der Wahlerfolge der AfD ein Zeichen zu setzen und Aufmerksamkeit zu erzeugen. Nur eine Minderheit zielte mit ihrem Handeln darauf, AfD Unterstützer:innen zu beeinflussen.[4] In einer vom Meinungsforschungsinstitut *Civey* durchgeführten Befragung nahmen mehr als 40 Prozent der online Befragten an, dass die Demonstrationen der AfD sogar (eher) nützen würden, nur etwa 27 Prozent erwarteten eine Schwächung der Partei.[5] In Umfragen verlor die AfD in der Folge allerdings bis zu fünf Prozentpunkte Zustimmung und ist seither auf Bundesebene nicht mehr über die 20-Prozent-Marke geklettert. In mehreren Parlamenten hat die AfD versucht, mittels parlamentarischer Anfragen Informationen zur Diffamierung der Proteste zu erlangen.

In einer Umfrage von Infratest dimap für die *ARD* äußerten im Februar 72 Prozent der Befragten Verständnis für die Demonstrationen; gut die Hälfte ging davon aus, dass die Demonstrationen abklingen würden.[6] Aus der Forschung zu Protesten und sozialen Bewegungen ist bekannt, dass diese nach einer dynamischen Startphase in ein Stadium der Stabilisierung übergehen und damit auch die Zahl und die Sichtbarkeit der Proteste zurückgehen.[7] Dies ist auch bei den Protesten gegen die AfD und die Demokratiegefährdung von rechts außen der Fall.

Häufigkeit, Zahl der Teilnehmenden und Ausmaß der (überregionalen) medialen Bericht-

(1) Demokrateam (Hg.): Demotracker, auf: demokrateam.org (Stand: 25.11.2024).

(2) Bitschnau, Marco; Koos, Sebastian: Die schweigende Mehrheit auf der Straße? Ergebnisse einer Befragung von Teilnehmer:innen an den Protesten gegen Rechtsextremismus, S. 4 (14.3.2024). (Universität Konstanz Policy Paper Nr. 15).

(3) Z.B. Rucht, Dieter; Steinhilper, Elias; Kocyba, Piotr: Für Vielfalt, Toleranz und Miteinander: Protest in einer ostdeutschen Kleinstadt, Berlin (Februar 2024).

(4) Bitschnau/Koos 2024, S. 6.

(5) Civey (Hg.): Werden die aktuellen Proteste gegen Rechtsextremismus die AfD Ihrer Meinung nach eher stärken oder eher schwächen?, auf: civey.com.

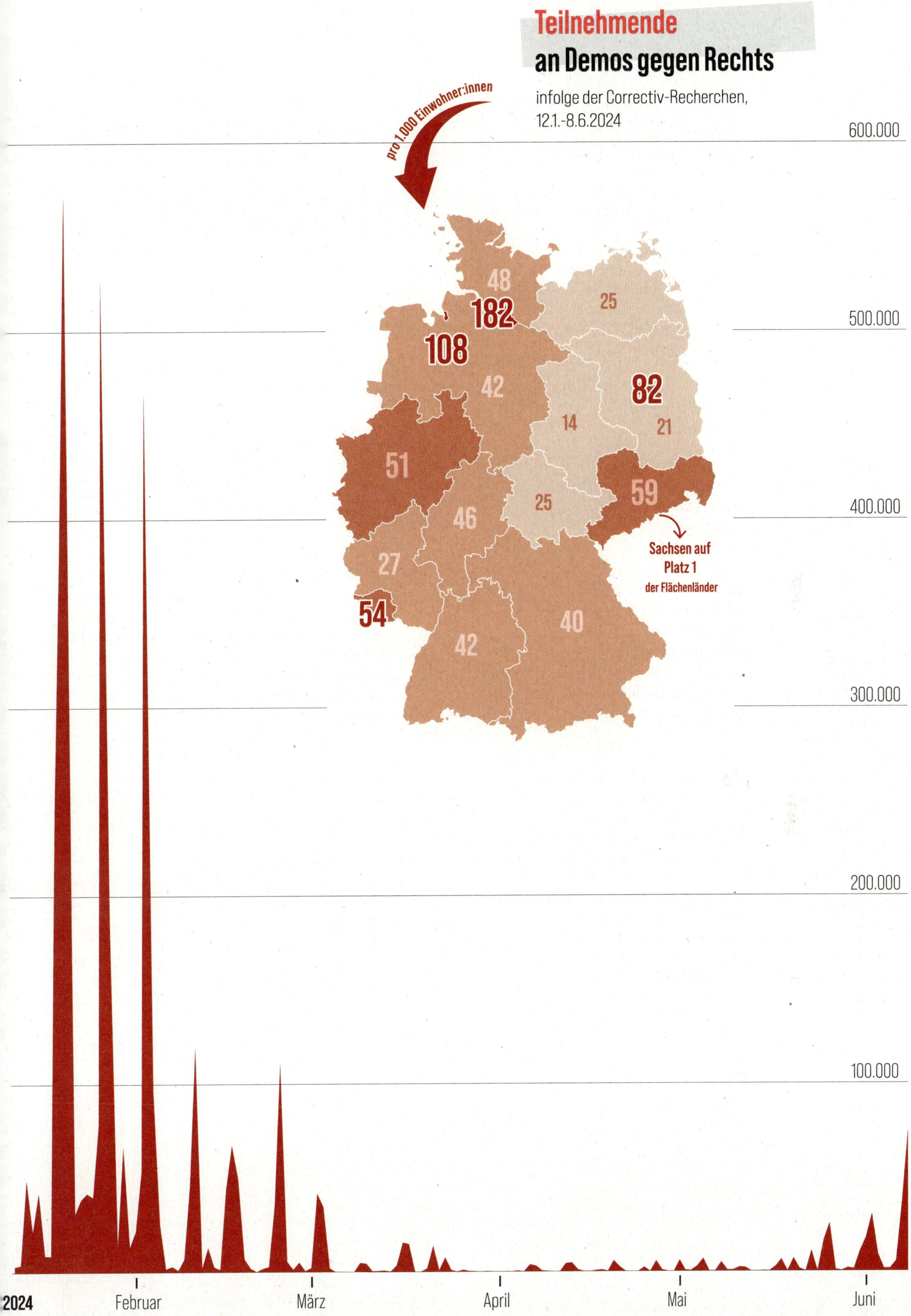
Teilnehmende
an Demos gegen Rechts
infolge der Correctiv-Recherchen,
12.1.-8.6.2024
pro 1.000 Einwohner:innen
48
182
25
108
42
82
14
21
51
59
25
46
Sachsen auf
Platz 1
der Flächenländer
27
54
40
42
600.000
500.000
400.000
300.000
200.000
100.000
2024
Februar
März
April
Mai
Juni

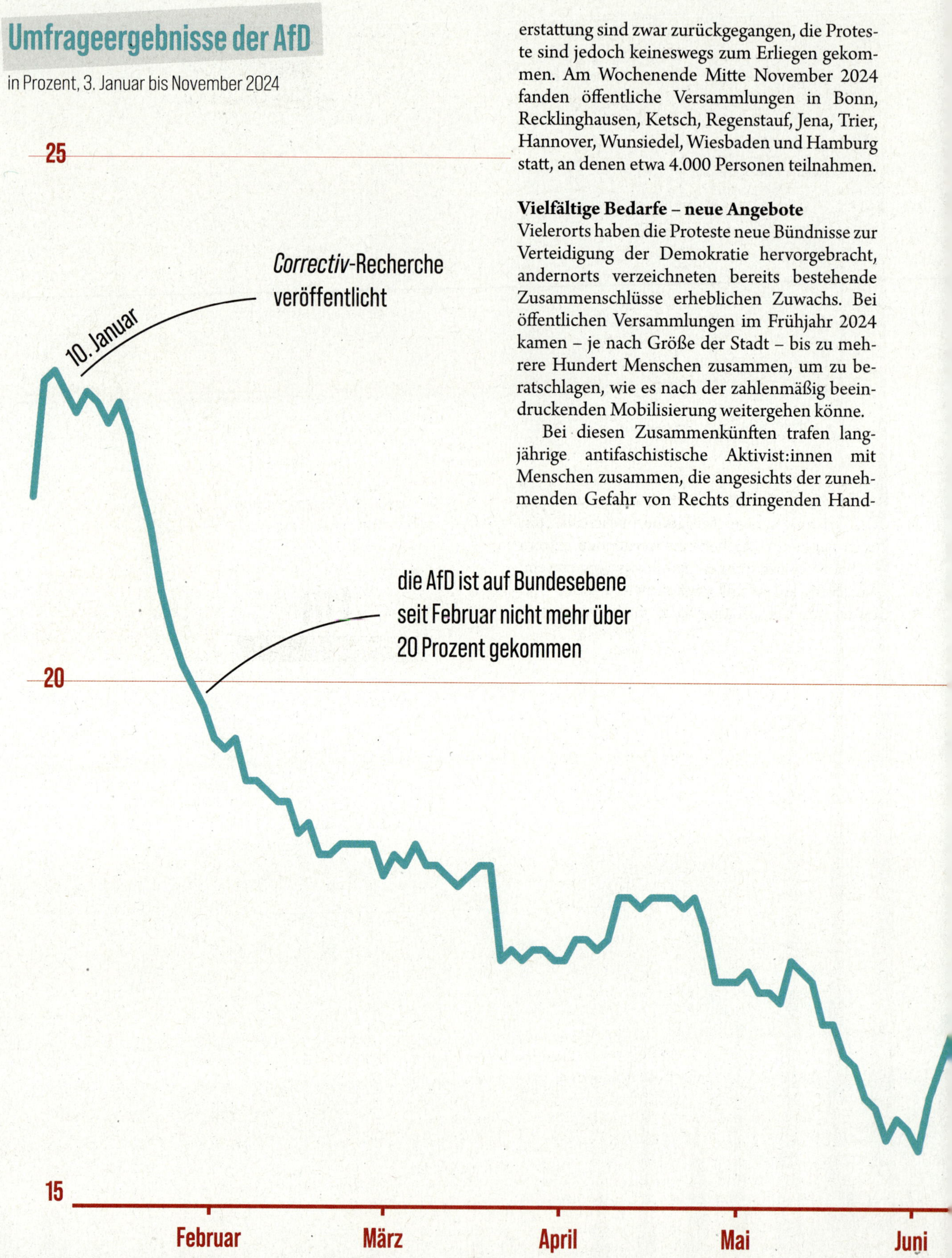

erstattung sind zwar zurückgegangen, die Proteste sind jedoch keineswegs zum Erliegen gekommen. Am Wochenende Mitte November 2024 fanden öffentliche Versammlungen in Bonn, Recklinghausen, Ketsch, Regenstauf, Jena, Trier, Hannover, Wunsiedel, Wiesbaden und Hamburg statt, an denen etwa 4.000 Personen teilnahmen.

Vielfältige Bedarfe – neue Angebote

Vielerorts haben die Proteste neue Bündnisse zur Verteidigung der Demokratie hervorgebracht, andernorts verzeichneten bereits bestehende Zusammenschlüsse erheblichen Zuwachs. Bei öffentlichen Versammlungen im Frühjahr 2024 kamen – je nach Größe der Stadt – bis zu mehrere Hundert Menschen zusammen, um zu beratschlagen, wie es nach der zahlenmäßig beeindruckenden Mobilisierung weitergehen könne.

Bei diesen Zusammenkünften trafen langjährige antifaschistische Aktivist:innen mit Menschen zusammen, die angesichts der zunehmenden Gefahr von Rechts dringenden Handlungsbedarf verspürten. Die Bedürfnisse und Vorschläge für zukünftiges Handeln waren dabei breit gefächert. Einigen ging es darum, sich für eine sachliche Auseinandersetzung zu schulen und Argumente und Strategien für Gespräche mit AfD-Wähler:innen in ihrem sozialen Nahraum zu erlernen (Argumentationstraining). Andere suchten Mitstreiter:innen für wöchentliche Mahnwachen, um auf den Ernst der Lage aufmerksam zu machen. Und wieder andere drängte es, sich auf Proteste gegen öffentliche Auftritte und Versammlungen der AfD sowie anderer extrem rechter Akteure vorzubereiten („Keinen Meter den Faschisten!"). Und schließlich wurde immer wieder auch die Frage aufgerufen, ob ein Verbot der AfD juristisch möglich und politisch ein geeignetes Mittel sein könne.

Infrastruktur und Intervention

Dort, wo die Bündnisse über finanzielle Ressourcen und erfahrene Aktivist:innen verfügten, wurden umgehend Materialien und Ausrüstung, wie leistungsfähige Megafone, beschafft, um auch bei kurzfristig bekannt werdenden extrem rechten Veranstaltungen handlungsfähig zu sein. Mit Blick auf Wahlkampfauftritte wurden Aktionen wie der „Braune Sack" vorbereitet, etwa

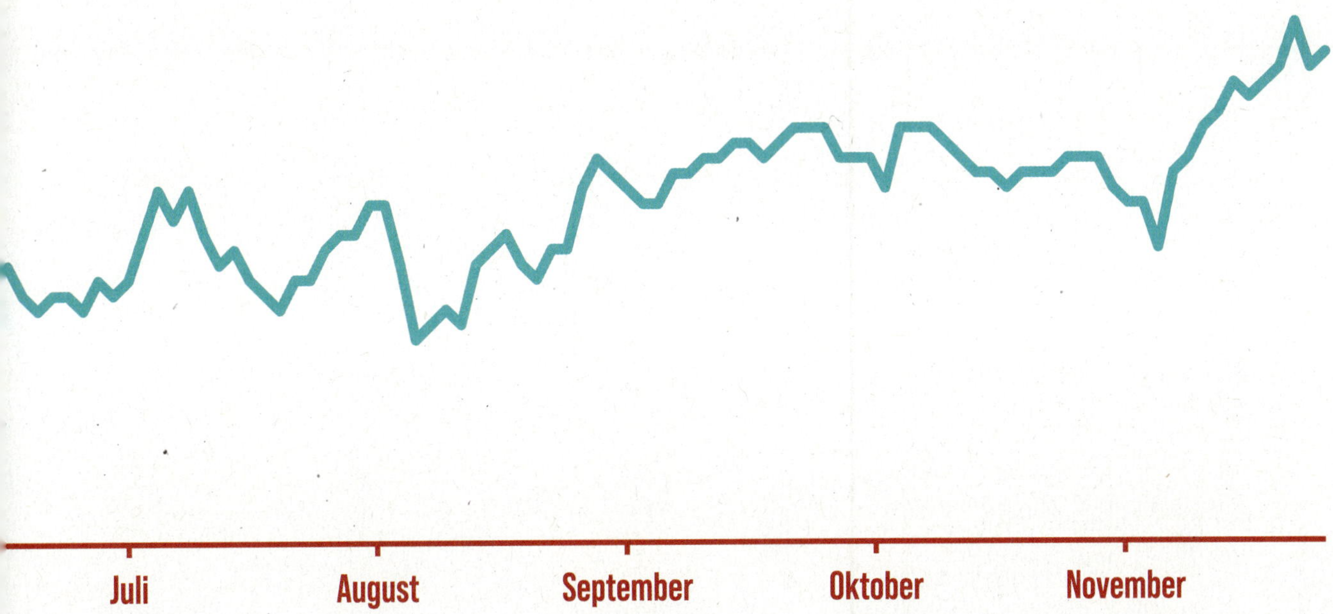

Bündnisse gegen Rechts

kein Anspruch auf Vollständigkeit

Aufstehen gegen Rassismus

offenes antifaschistisches Treffen

Omas gegen Rechts

Studis gegen Rechts

weitere

*Datenpunkt steht stellvertretend für den Landkreis

in Hamburg: Gab es dort einen rechtsextremen Infostand, stellten sich Leute mit braunen Müllsäcken daneben. Passant:innen, die Flyer – beispielsweise von der AfD – bekommen hatten, konnten diese quasi umgehend im Müllsack entsorgen. Aus Düsseldorf ist darüber hinaus bekannt, dass das dortige Bündnis kurzerhand zwölf große Megafone anschaffte, die zusammen mit Flugblättern dezentral in den Stadtteilen deponiert wurden (meist in Spätis), sodass Leute in ihren Vierteln kurzfristig handlungsfähig waren. An vielen Orten werden seit dem Frühjahr 2024 zudem Aktionen und Kampagnen zur Stärkung der Demokratie geplant und umgesetzt beziehungsweise verstärkt – im Rahmen entsprechender Projekte an Schulen, als demokratische Mitwirkungsmöglichkeiten, durch die Ansprache weiterer zivilgesellschaftlicher Gruppen. Oder auch in Form eines Song-Contests, bei dem die Stadt Langenfeld Lieder auszeichnen will, die in besonderer Form demokratisches Engagement unterstützen.

Art und Ausmaß der Kooperation mit den Gremien der Städte und Gemeinden unterscheiden sich stark. Manche Bündnisse arbeiten vollständig unabhängig, andere kooperieren eng mit Vertreter:innen der jeweiligen Kommune. Die im Januar 2024 vom Deutschen Städtetag verabschiedete *Trierer Erklärung* haben inzwischen etliche Städte und Gemeinden per Ratsbeschluss unterzeichnet. Dort heißt es unter anderem: „Wir nehmen es nicht hin, dass rechtsextreme Kräfte eine Atmosphäre der Verunsicherung, der Angst und des Hasses in unserem Land und in unseren Städten schüren. In unseren Städten leben Menschen unterschiedlicher Herkunft zusammen – als Nachbarinnen und Nachbarn, als Kolleginnen und Kollegen, als Freundinnen und Freunde, als Familie. Das ist die Lebensrealität in unseren Stadtgesellschaften. Das macht unsere Städte aus. Unsere Städte gehören allen Menschen, die hier leben. Wir akzeptieren nicht, dass Bürgerinnen und Bürger, dass Familien, dass sogar Kinder in unseren Städten Angst davor haben müssen, von hier vertrieben zu werden."

Aktiver Demokratieschutz

Die vielen Bündnisse, die seit Januar 2024 neu entstanden sind oder neue Impulse entwickelt haben, leisten mit der großen Bandbreite der von ihnen umgesetzten Projekte vor Ort wirksame Beiträge zum Demokratieschutz. Für eine wirksame Zurückdrängung extrem rechter Organisationen und deren menschenrechtsfeindlicher Politik bedarf es jedoch auch der Bündelung der Kräfte auf überörtlicher Ebene, wie etwa bei den Protesten gegen den AfD-Bundesparteitag in Essen Ende Juni 2024. Aus diesem Anlass kooperierten zahlreiche örtliche Bündnisse an Rhein und Ruhr und stimmten das Aktionskonzept untereinander ab. Notwendig sind eine organisierte Debatte um das Ausmaß der realen Bedrohung und die Ursachen der Rechtsentwicklung sowie eine strategische Bestimmung gemeinsamen Handelns. Dies berührt auch die Forderung nach einem Verbot der AfD. Eine solche Maßnahme zielt nicht auf eine Änderung der Weltsicht, sondern darauf, einen demokratiegefährdenden ressourcenstarken und einflussreichen Akteur einzuschränken. Eine solche Forderung wie gegebenenfalls auch ein langjähriges Verfahren vor dem Bundesverfassungsgericht bedürfen der Begleitung durch eine kontinuierliche politische Aufklärungsarbeit über den extrem rechten Charakter der Partei und die Verstrickungen von Mitgliedern in Gewaltmilieus. Das ist von einzelnen lokalen Bündnissen nicht zu leisten, wohl aber im Rahmen einer organisatorisch breit getragenen Kampagne.

Die vorgezogenen Neuwahlen zum Bundestag im Februar 2025 werden mit zahlreichen öffentlichen Auftritten von rechtsextremen Parteien neue Aufgaben für antifaschistische Akteur:innen mit sich bringen – aber auch neue Möglichkeiten der Einflussnahme sowie Gelegenheiten zur Ansprache von Menschen, die der Zuwachs an Stimmen und Macht in den Händen rassistischer und nationalistischer Figuren sorgt.

FABIAN VIRCHOW

PROFESSOR FÜR THEORIEN DER GESELLSCHAFT UND THEORIEN POLITISCHEN HANDELNS AN DER HOCHSCHULE DÜSSELDORF

(6) Heinrich, Roberto: ARD-Deutschlandtrend Februar 2024, auf: infratest-dimap.de (Februar 2024).

(7) Z.B. Gunder Frank, Andre; Fuentes, Marta: On Studying the Cycles in Social Movements, in: Research in Social Movements, Conflicts and Change 17(1984), S. 173-196.

(8) Deutscher Städtetag (Hg.): Trierer Erklärung des Deutschen Städtetages, auf: staedtetag.de (18.1.2024).

STUDIE

Um die Meinungsfreiheit an deutschen Hochschulen steht es gut

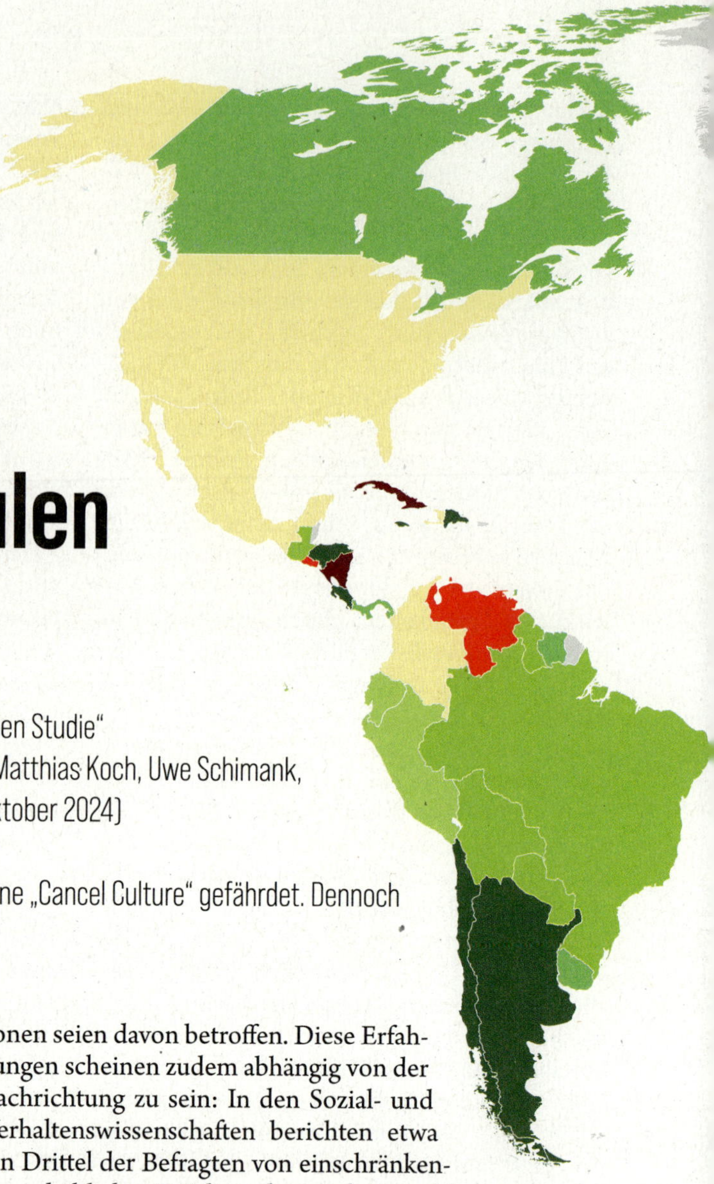

Studie: „Akademische Redefreiheit. Kurzbericht zu einer empirischen Studie" von Gregor Fabian, Mirjam Fischer, Julian Hamann, Anna Hofmann, Matthias Koch, Uwe Schimank, Christiane Thompson, Richard Traunmüller und Paula-Irene Villa (Oktober 2024)

Kurz: Die Redefreiheit an deutschen Hochschulen ist nicht durch eine „Cancel Culture" gefährdet. Dennoch gibt es individuelle Erfahrungen mit Einschränkungen.

„Cancel Culture" – zu Deutsch etwa: „Kultur des Zensierens" – bedeutet einen Eingriff in die akademische Freiheit. Der Begriff ist seit der *#MeToo*-Bewegung 2017 immer wieder Gegenstand hitziger Diskussionen – nicht nur in der öffentlichen Debatte, sondern auch in der Wissenschaft. Kann man an deutschen Hochschulen noch offen seine Meinung zum Klimawandel, zu geopolitischen Konflikten oder zum Gendern äußern?

Um dies zu beurteilen, haben Forschende des Deutschen Zentrums für Hochschul- und Wissenschaftsforschung zusammen mit der Zeit-Stiftung Bucerius untersucht, ob Wissenschaftler:innen hierzulande in ihrer akademischen Freiheit eingeschränkt sind. In einer Studie zur Redefreiheit an deutschen Hochschulen wurden knapp 9.000 Doktorand:innen, Postdoktorand:innen und Professor:innen zu ihren Erfahrungen mit „Cancel Culture" und dem Umgang mit kontroversen Themen im akademischen Kontext befragt.

Die gute Nachricht gleich zu Beginn: Die Redefreiheit an deutschen Hochschulen scheint nicht in Gefahr. Vier von fünf Befragten geben an, in ihrem akademischen Umfeld keine nennenswerten Einschränkungen erlebt zu haben. Eine systematische Cancel Culture ist nicht erkennbar. Nur drei Prozent bewerten die „Autonomie und Forschungsfreiheit im Wissenschaftssystem" als „sehr schlecht".

Dennoch gibt es individuelle Erfahrungen mit Einschränkungen. Insbesondere Frauen und nichtbinäre Personen seien davon betroffen. Diese Erfahrungen scheinen zudem abhängig von der Fachrichtung zu sein: In den Sozial- und Verhaltenswissenschaften berichten etwa ein Drittel der Befragten von einschränkender inhaltlicher Kritik an ihrer Arbeit, gefolgt von den Geisteswissenschaften mit 28 Prozent. In der Medizin liegt dieser Anteil hingegen nur bei 22 Prozent. Mit „moralischer Abwertung" sehen sich rund ein Zehntel der Befragten aus den Geistes- und den Agrar- und Forstwissenschaften konfrontiert. Zum Vergleich: In der Medizin haben nur drei Prozent der Befragten Erfahrungen damit gemacht, dass ihre Forschung als ethisch fragwürdig angesehen wird.

Insgesamt sind die Sozial- und Geisteswissenschaften in allen Bereichen häufiger von Einschränkungen der Wissenschaftsfreiheit betroffen als die Natur- und Ingenieurwissenschaften. Die Folge dieser Einschränkungen: Neun Prozent der Befragten gaben an, aus Angst vor negativen Folgen Forschungsergebnisse nicht veröffentlicht zu haben, sechs Prozent haben deshalb Forschungsprojekte abgesagt.

Ein zentrales Thema der Studie ist auch der Umgang mit politisch kontroversen Themen an Hochschulen. Dazu wurden die Teilnehmer:innen nach ihrer Haltung zu umstrittenen Themen, wie beispielsweise dem Nahostkonflikt, befragt. Das überraschende Ergebnis: 23 Prozent finden es

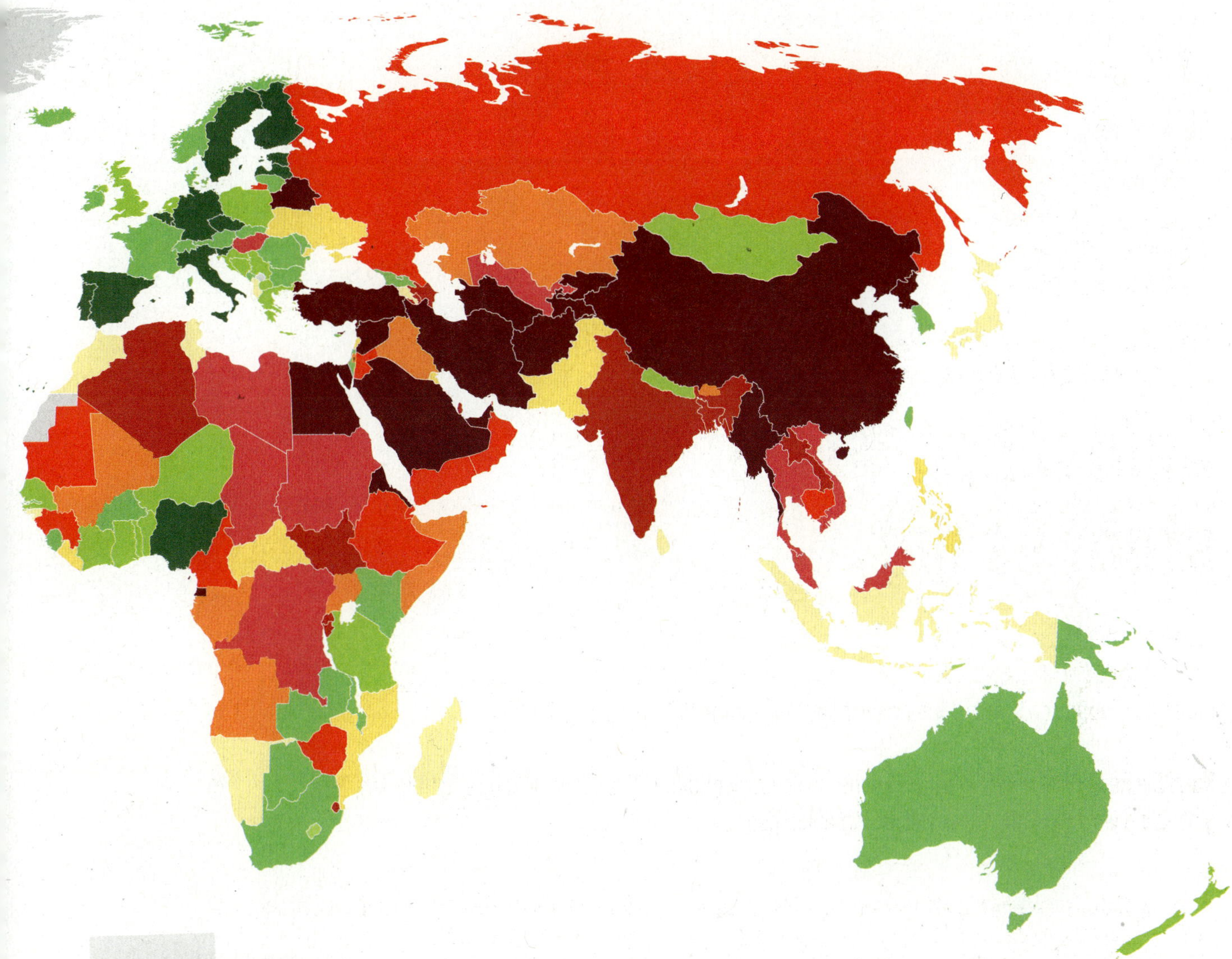

Akademische Freiheit

Academic Freedom Index, 2023

niedrig — hoch — keine Daten

akzeptabel, Israel als Staat abzulehnen, gleichzeitig gestehen aber 88 Prozent der Befragten Palästina ein Existenzrecht zu. Obwohl neben „Israel als Staat ablehnen" auch Themen wie „das Grundgesetz ablehnen" oder „gendergerechte Sprache verpflichtend einführen" eher auf Ablehnung stoßen, fordern, je nach Thema, maximal zehn Prozent der Befragten die Absage von Vorträgen zu umstrittenen Themen. Die Absage bestimmter Veranstaltungen wird gemeinhin als Ausdruck von Cancel Culture angesehen.

Der bisher veröffentlichte Kurzreport zur laufenden Studie ist erst der Anfang. Die Forschenden wollen noch tiefer in das Thema eintauchen, indem sie auch die politische Orientierung der Hochschulmitglieder berücksichtigen und beispielsweise näher auf den Nahostkonflikt eingehen. Das Ziel: Die Untersuchung soll eine breite, wissenschaftlich fundierte Basis für den Austausch über die Redefreiheit an deutschen Hochschulen schaffen.

Studiendesign

Stil	quantitativ
Dauer	Querschnitt
Erhebung	Befragung
Veröffentlichung	sonstige Veröffentlichung

Europas Absturz und Hollywoods Aufstieg

Das Kino wurde in Europa geboren – nicht in Hollywood: Bereits Ende des 19. Jahrhunderts führen die Brüder Skladanowsky in Berlin und die Brüder Lumière in Paris die ersten Filme öffentlich vor. Europäer bestimmen die frühen Jahre der Filmindustrie. Doch mit dem Aufkommen der Hollywood-Studios ändert sich alles. 1910 siedeln die ersten Filmemacher von der amerikanischen Ostküste nach Kalifornien um, insbesondere weil sie die vielen Sonnenstunden zum Drehen brauchen – damals gibt es noch kein ausreichend starkes Kunstlicht. Andere folgen, auch um dem Monopol der bedeutenden Filmunternehmen zu entkommen, die den Markt von der Ostküste aus kontrollieren. Fünf Jahre später haben bereits drei von fünf amerikanischen Filmfirmen ihren Sitz in Hollywood.

Europa kann zeitweise mit den USA mithalten, insbesondere bei der Produktion von Spielfilmen, die sich als besonders profitable Kunstform herausstellen. In Deutschland etwa wird 1912 das Filmstudio Babelsberg gegründet, heute das zweitälteste Großatelierstudio der Welt. Doch der Ausbruch des Ersten Weltkriegs führt zur Zersplitterung des europäischen Filmmarkts. Hollywood setzt unterdessen auf „Stars", konzentriert sich immer stärker auf aufwendige, teure Spielfilme – und wird damit attraktiv für Unternehmer und Investoren. Die sieben „Major Studios" expandieren aggressiv und drängen europäische Produktionen, geschwächt vom Krieg, zurück. 1919 dominiert Hollywood den europäischen, afrikanischen und südamerikanischen Markt – 90 Prozent der Produktionen kommen aus den Staaten.

Die Ausnahme: Deutschland. Denn während des Ersten Weltkriegs wurden keine amerikanischen Filme importiert. Eigene Werke hingegen wurden weiterhin produziert. Sie dienten der Propaganda und sollten den Menschen Abwechslung bieten. 1917 wird die Universum-Film AG, die Ufa, gegründet, die sich zum zweitgrößten Filmimperium der Welt entwickelt. In der Weimarer Republik ist der deutsche Film auf seinem Höhepunkt – technisch und kreativ. Es entstehen Klassiker wie *Der blaue Engel* mit Marlene Dietrich oder Meisterwerke wie *Metropolis* von Fritz Lang. Die deutschen Produktionen sind kurz nach dem Krieg in den USA allerdings nicht sonderlich beliebt – und Deutschland wiederum führt Quoten ein, um die Verbreitung amerikanischer Filme einzudämmen. Als sie gelockert werden und die Ufa wegen finanzieller Schwierigkeiten einen Vertrag mit Paramount und Metro-Goldwyn-Mayer schließt, der sie zum Verleih vieler amerikanischer Filme verpflichtet, flutet Hollywood auch Deutschland.

Nach der Hochphase in der Weimarer Zeit kontrolliert Joseph Goebbels im Nationalsozialismus die Filmindustrie und macht sie zum Instrument der NS-Propaganda. Viele talentierte jüdische Filmemacher müssen nach Hollywood emigrieren. Nach dem Zweiten Weltkrieg leben viele europäische Filmindustrien neu auf, etwa die französische mit der *Nouvelle Vague.* Diese Kunstfilmbewegung beeinflusst wiederum das Kino in anderen Ländern Europas. Auch in der Bundesrepublik entwickelt sich im Zuge dessen der Neue Deutsche Film als Gegenbewegung zum westdeutschen Nachkriegskino, das damals unter anderem mit den sehr beliebten Heimatfilmen auf unverfängliche Unterhaltung setzt.

Hollywood einholen sollte die ehemalige Filmmacht allerdings nie mehr: Von den 100 (inflationsbereinigt) einspielstärksten Filmen weltweit sind 100 US-Produktionen oder -Co-Produktionen. Und 2023 schauten 71,1 Prozent der Kinobesucher in der EU und Großbritannien amerikanische Filme.

Mehr zum Thema

Die Macht der Studios, Streamer und Investoren

und zu

Bollywood, Nollywood und Hollywood

im neuesten

KNICKER!

DARSTELLUNG VON WAHLERGEBNISSEN

Wahlkarten verzerren die Realität

In der Wahlberichterstattung werden Wahlkreise oder Gemeinden meist nach der stärksten Partei eingefärbt. Zuletzt war das im Osten Deutschlands häufig die AfD – und die Karten in den Nachrichten dort entsprechend blau.

Doch solche Karten verzerren den Blick auf die Demokratie, argumentieren die Sozialwissenschaftler

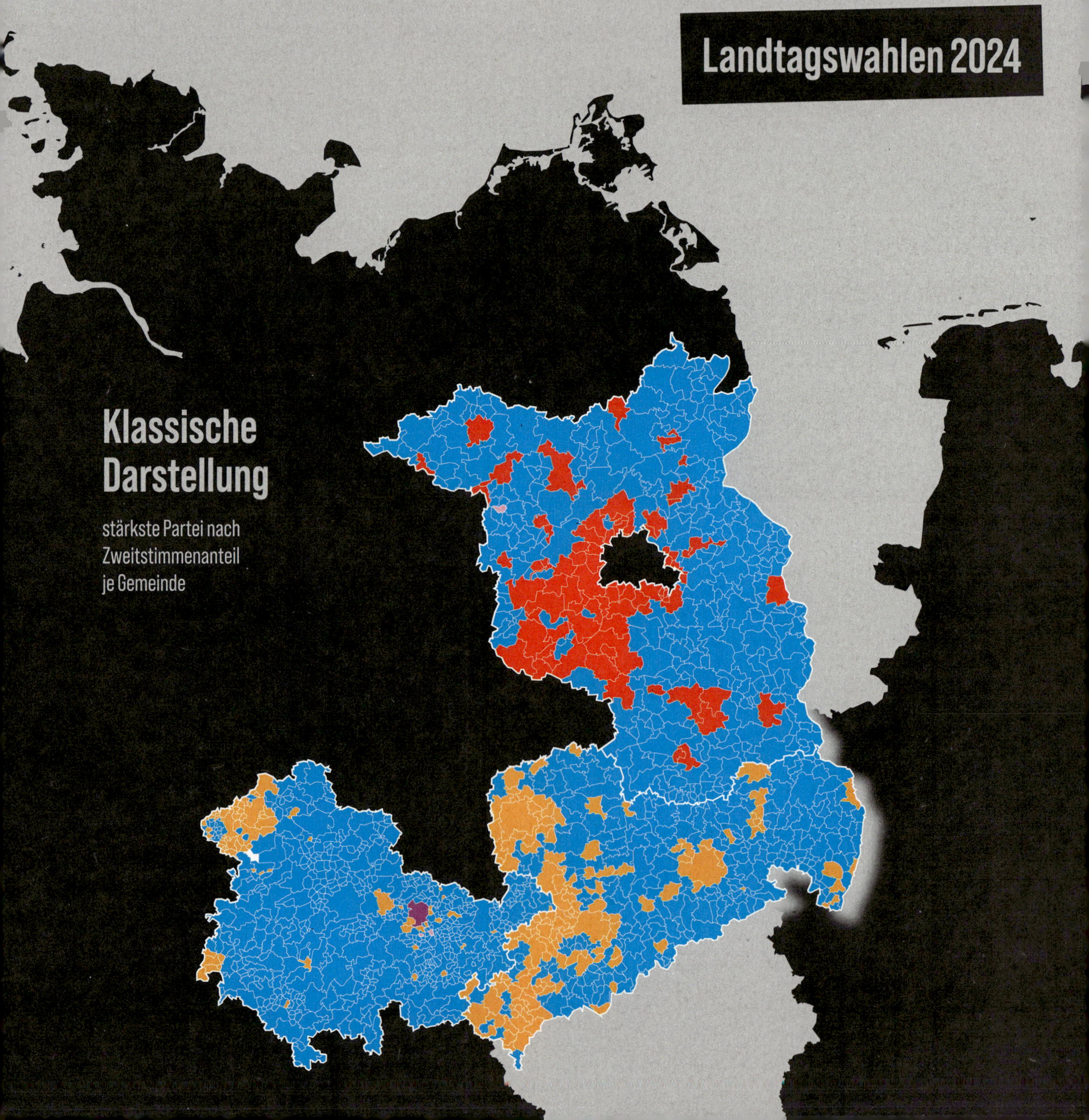

Julius Kölzer, Christian Stecker, Daniel Kuhlen und Leon Siefken in einem Artikel vor den Landtagswahlen 2024 in Brandenburg, Sachsen und Thüringen. So ist beispielsweise die AfD vor allem in Dörfern und ländlichen Gemeinden erfolgreich. Dort leben wenige Menschen, verteilt auf verhältnismäßig große Gebiete. In Städten hingegen leben deutlich mehr Menschen auf derselben Fläche – doch hier ist die AfD in der Regel schwächer. Dass die Bevölkerungsdichte auf solchen Karten keine Rolle spielt, führt dazu, dass die AfD deutlich stärker erscheint, als sie tatsächlich ist.

Beispiel Europawahl 2024: Die Gemeinden, in denen die AfD stärkste Partei wurde, machen etwa 93 Prozent der Fläche Brandenburgs, Sachsens und Thüringens aus. Das spiegelte sich in den fast komplett blauen Ergebniskarten wider. Was so eine klassische Karte nicht darstellt: Der Stimmenanteil der AfD lag in den drei Bundesländern nur bei ungefähr 30 Prozent. Die Folge sei also eine optische Täuschung.

Was solche Karten außerdem verzerren: Früher haben Wahlkreissieger oft die absolute Mehrheit bekommen. Heute ist das anders, weil es mehr Parteien gibt. Man kann einen Kreis schon gewinnen, wenn man nur die relativ meisten Stimmen hat – manchmal mit weniger als 20 Prozent. Tatsächlich konnte die AfD nur in sehr wenigen Wahlkreisen eine absolute Mehrheit erringen. In den meisten Wahlkreisen hat die überwiegende Mehrheit eine andere Partei als die AfD gewählt.

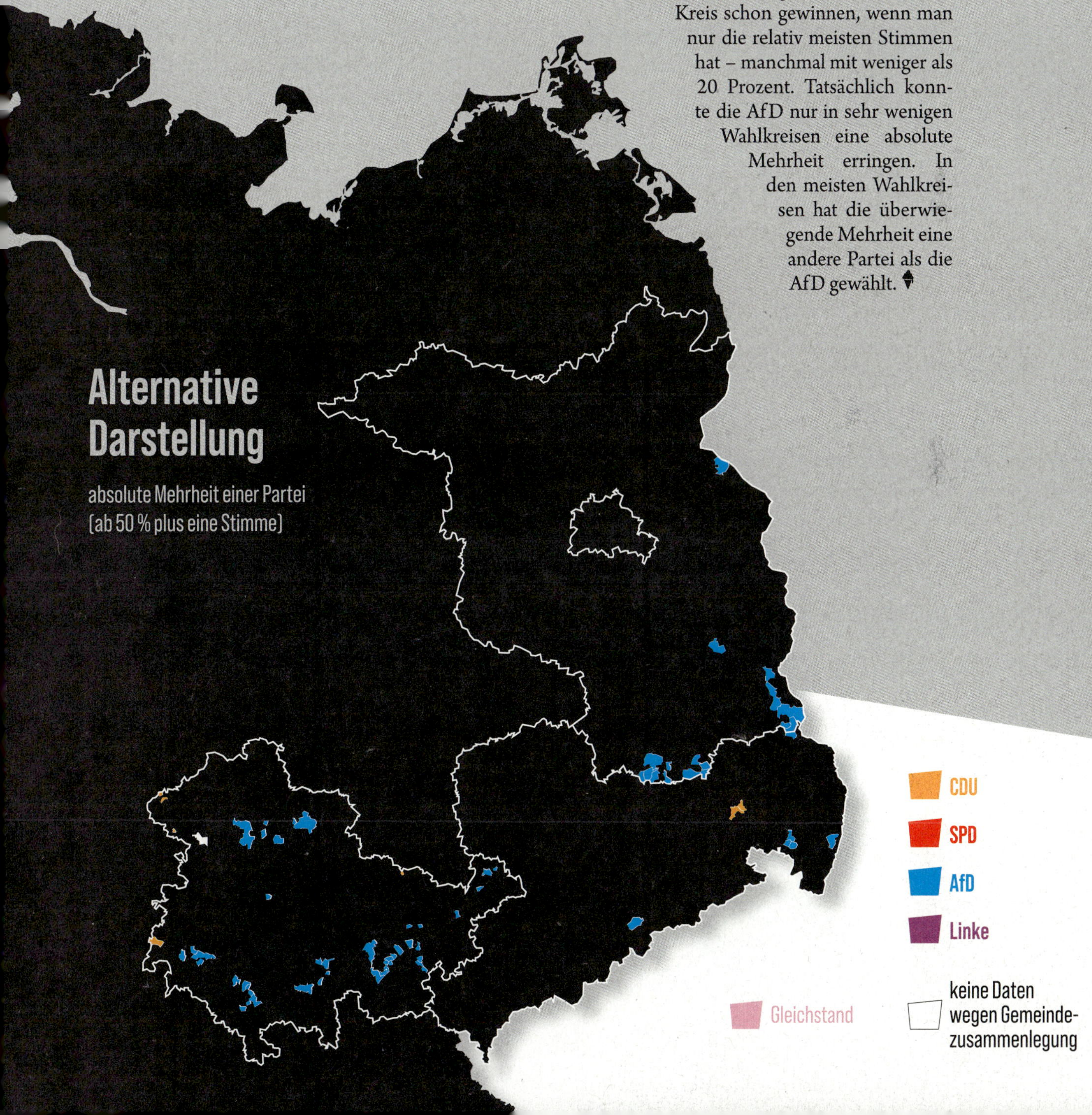

Wie Deutsche hießen, wenn sie aus anderen Ländern kämen

Franzosen kommen aus Frankreich, Kroatinnen aus Kroatien. *Demonym* nennt man die Bezeichnung für Menschen einer gewissen Nationalität. Wie man solche Demonyme bildet, ist im Deutschen uneinheitlich. Länder, die auf -ien enden, können etwa Span**ier**, Ital**iener**, Brasil**ianer**, Bulg**aren** oder Syr**er** beherbergen. Wer Deutsch lernt, kann sich da auf keine Regeln verlassen. Und auch Muttersprachler:innen müssen immer wieder nachschlagen. Woher wüsste man sonst, dass Menschen aus Guatemala „Guatemalteken“ heißen, dass „Ivorer“ von der Elfenbeinküste kommen und sich Einwohner:innen des pazifischen Inselstaats Kiribati „I-Kiribati“ nennen?

Deutschen
Deutschweger
Deutschen
Deutschen
Deutschen
Deutschen
Deutschen
Deutschauer
Deutschländer
Deutschussen
Deutschen
eutschier
Deutsche
Deutschemburger
Deutschiner
Deutschen
Deutschaken
Deutscher
Deutschereicher
Deutschauer
Deutscher
Deutscharn
Deutschenen
Deutschänen
Deutschaten
Deutschen
Deutschier/
Deutschegowiner
Deutscharen
Deutschenegriner
Deutschovaren
Deutschiener
Deutschedonier
Deutschaner
Deutschen
Deutschen

SPIEL

Jahresleiter

Ihr wollt dieses Jahr noch einmal spielerisch zurückblicken. Dann haben wir hier für euch das perfekte Leiterspiel! Viel Spaß dabei :-)

STARTE HIER

Nenne 2 Länder, die die gleiche Form haben

2 VOR

JANUAR

Maximale Anzahl Teilnehmer an Pegida-Demo: 25.000;
Maximale Anzahl Teilnehmer an Demo gegen Rechts: 1.400.000

Du bist unentschlossen? Die Briten auch. 63 Prozent glauben, dass der Brexit eher ein Misserfolg war. Tja, zu spät! ***Eine Runde aussetzen.***

FEBRUAR

Das **EU-Renaturierungsgesetz** wu[…] verabschiedet, welches geschädi[…] Ökosysteme und Lebensräume b[…] 2050 wieder in einen guten Zusta[…] versetzen soll

Wie viele Landtagswahlen die AfD in Sachsen, Thüringen und Brandenburg gewinnen wollte: 3
Wie viele sie gewonnen hat: 1

2 VOR

APRIL

Fortschritte beim Deutschlandpakt zur **Digitalisierung** öffentlicher Dienstleistungen

MÄRZ

Extremismusprävention: Programm[…] zur Förderung von Demokratie und Toleranz sollen gesellschaftliche Spaltungen überwinden und den Zusammenhalt stärken, besonders i[…] Schulen und kirchlichen Einrichtunge[…]

Wie viele Menschen leben in der kleinsten Stadt der USA, Monowi?

3 VOR

Du setzt dich gegen Extremismus ein? ***Steig ein, wir nehmen dich ein Stück mit.***

4 VOR

MAI

Feierlichkeiten zum 75. Jahrestag des Grundgesetzes am 23. Mai

JUNI

Gute Nachrichten: Unter Präsident Lula ist die Regenwaldabholzung in Brasilien in 2023 im Vergleich zum Vorjahr um ein Drittel zurückgegangen

Empathie kann man lernen – aber nicht jeder ist dafür offen.
Schicke eine:n deiner Mitspieler:innen 2 Felder vor oder 2 zurück.

ZURÜCK 2 | 2 VOR

REGELN

Du brauchst Würfel und pro Person eine Figur. Dann würfeln und vorrücken. Wer zuerst im **Ziel** ist, gewinnt!

Ereignisfelder müssen ausgeführt werden, wenn die Figur dort landet. Landen zwei Spielfiguren auf demselben Feld, gibt es ein **Duell**: *Beide würfeln*. Wer die höhere Zahl hat, darf um die Differenz der beiden Würfel vorrücken.^ Falls man dadurch auf ein Ereignisfeld oder ein neues Duell gelangt, muss dieses ausgetragen werden.

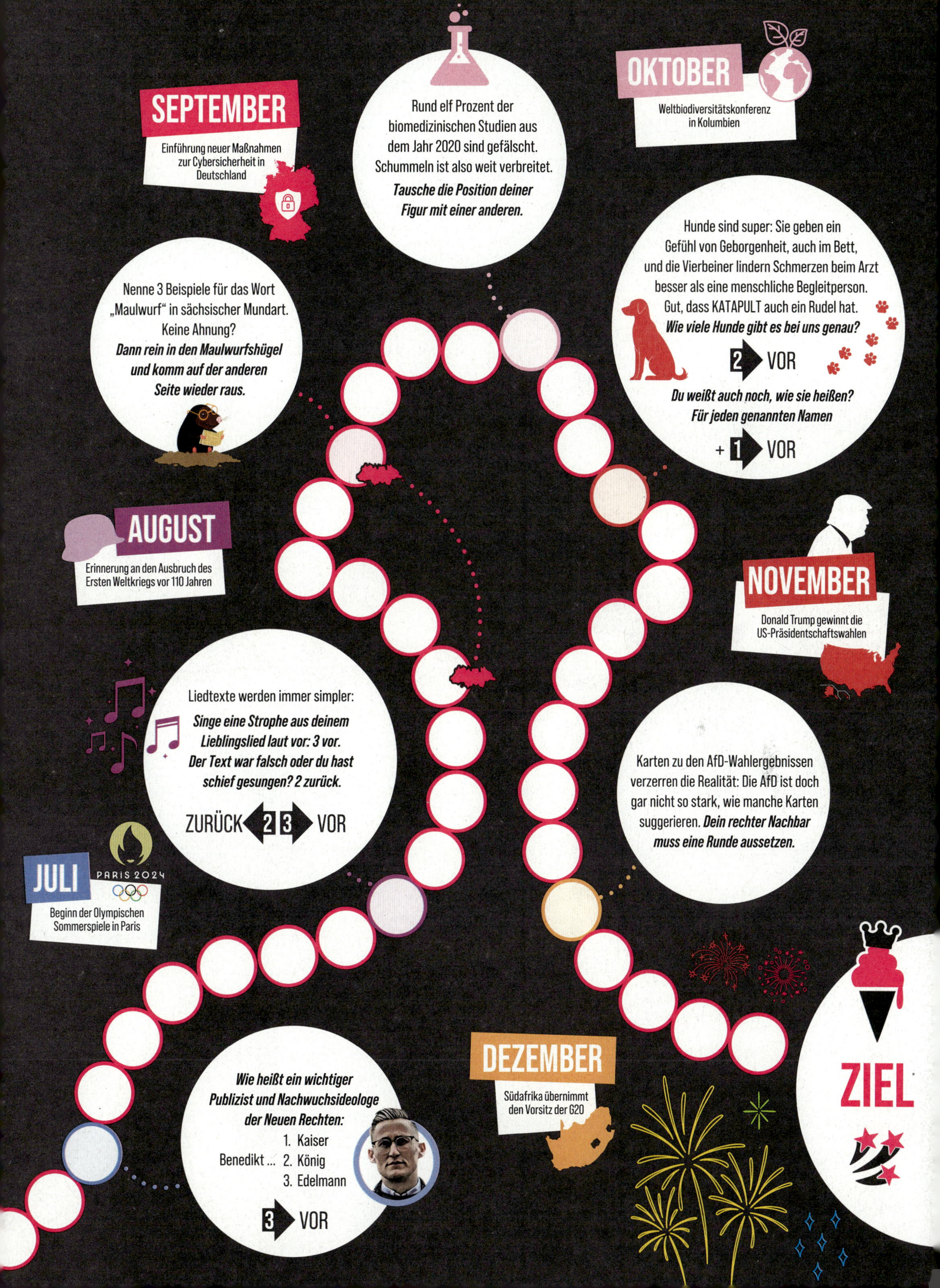
SEPTEMBER
Einführung neuer Maßnahmen zur Cybersicherheit in Deutschland
Rund elf Prozent der biomedizinischen Studien aus dem Jahr 2020 sind gefälscht. Schummeln ist also weit verbreitet.
Tausche die Position deiner Figur mit einer anderen.
OKTOBER
Weltbiodiversitätskonferenz in Kolumbien
Hunde sind super: Sie geben ein Gefühl von Geborgenheit, auch im Bett, und die Vierbeiner lindern Schmerzen beim Arzt besser als eine menschliche Begleitperson. Gut, dass KATAPULT auch ein Rudel hat.
Wie viele Hunde gibt es bei uns genau?
2 VOR
Du weißt auch noch, wie sie heißen? Für jeden genannten Namen
+ 1 VOR
Nenne 3 Beispiele für das Wort „Maulwurf“ in sächsischer Mundart. Keine Ahnung?
Dann rein in den Maulwurfshügel und komm auf der anderen Seite wieder raus.
AUGUST
Erinnerung an den Ausbruch des Ersten Weltkriegs vor 110 Jahren
NOVEMBER
Donald Trump gewinnt die US-Präsidentschaftswahlen
Liedtexte werden immer simpler:
Singe eine Strophe aus deinem Lieblingslied laut vor: 3 vor. Der Text war falsch oder du hast schief gesungen? 2 zurück.
ZURÜCK 2 3 VOR
PARIS 2024
JULI
Beginn der Olympischen Sommerspiele in Paris
Karten zu den AfD-Wahlergebnissen verzerren die Realität: Die AfD ist doch gar nicht so stark, wie manche Karten suggerieren. Dein rechter Nachbar muss eine Runde aussetzen.
Wie heißt ein wichtiger Publizist und Nachwuchsideologe der Neuen Rechten:
Benedikt ... 1. Kaiser
2. König
3. Edelmann
3 VOR
DEZEMBER
Südafrika übernimmt den Vorsitz der G20
ZIEL

Zahl der Amtssprachen
Neben Spanisch sind in Bolivien über 30 indigene Sprachen offiziell anerkannt. Nicht offiziell anerkannt, aber überraschend verbreitet: Plattdeutsch. Gesprochen von der religiösen Minderheit der Mennoniten.
0
1
2
3
4
5
11
13
16
36

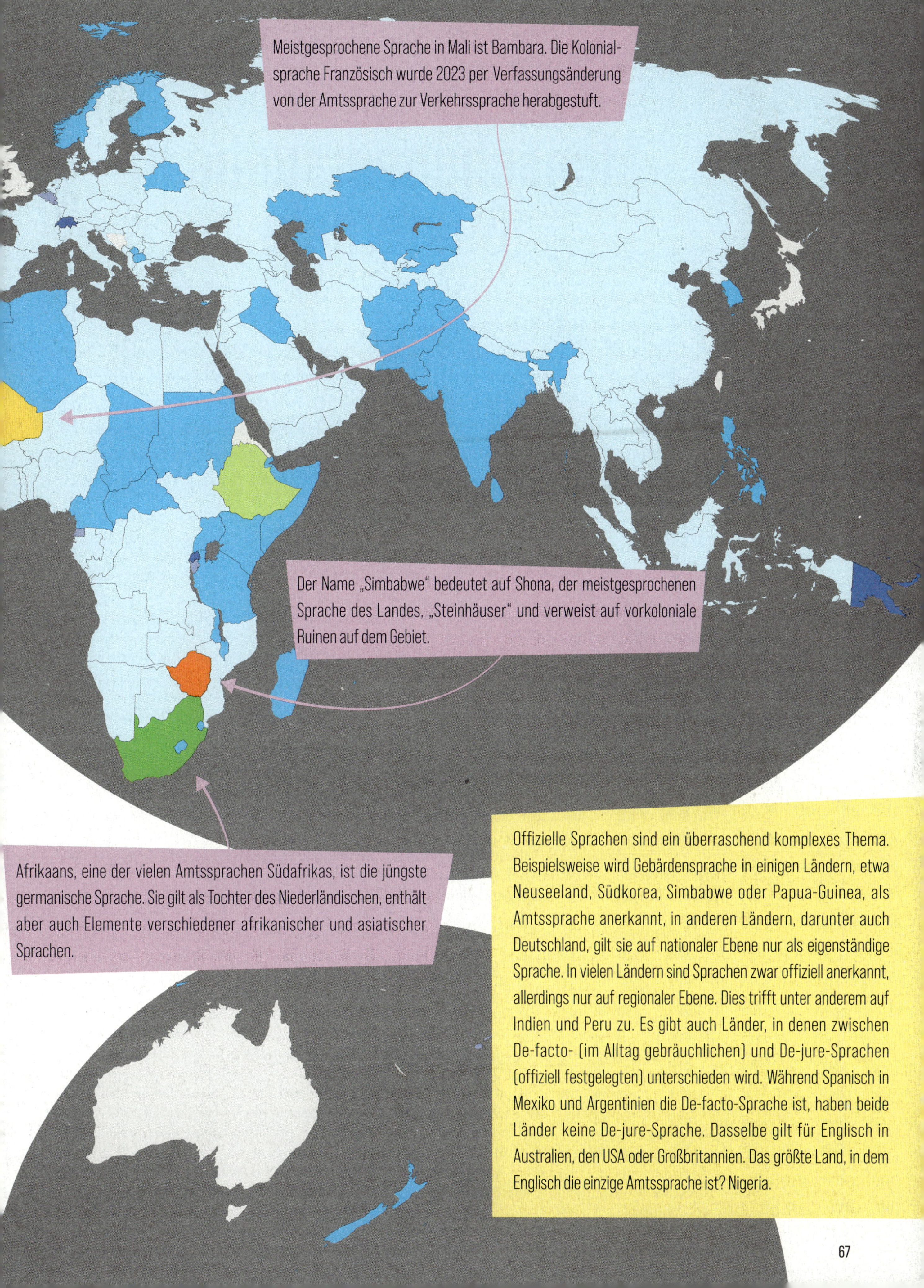

Meistgesprochene Sprache in Mali ist Bambara. Die Kolonialsprache Französisch wurde 2023 per Verfassungsänderung von der Amtssprache zur Verkehrssprache herabgestuft.

Der Name „Simbabwe“ bedeutet auf Shona, der meistgesprochenen Sprache des Landes, „Steinhäuser“ und verweist auf vorkoloniale Ruinen auf dem Gebiet.

Afrikaans, eine der vielen Amtssprachen Südafrikas, ist die jüngste germanische Sprache. Sie gilt als Tochter des Niederländischen, enthält aber auch Elemente verschiedener afrikanischer und asiatischer Sprachen.

Offizielle Sprachen sind ein überraschend komplexes Thema. Beispielsweise wird Gebärdensprache in einigen Ländern, etwa Neuseeland, Südkorea, Simbabwe oder Papua-Guinea, als Amtssprache anerkannt, in anderen Ländern, darunter auch Deutschland, gilt sie auf nationaler Ebene nur als eigenständige Sprache. In vielen Ländern sind Sprachen zwar offiziell anerkannt, allerdings nur auf regionaler Ebene. Dies trifft unter anderem auf Indien und Peru zu. Es gibt auch Länder, in denen zwischen De-facto- (im Alltag gebräuchlichen) und De-jure-Sprachen (offiziell festgelegten) unterschieden wird. Während Spanisch in Mexiko und Argentinien die De-facto-Sprache ist, haben beide Länder keine De-jure-Sprache. Dasselbe gilt für Englisch in Australien, den USA oder Großbritannien. Das größte Land, in dem Englisch die einzige Amtssprache ist? Nigeria.

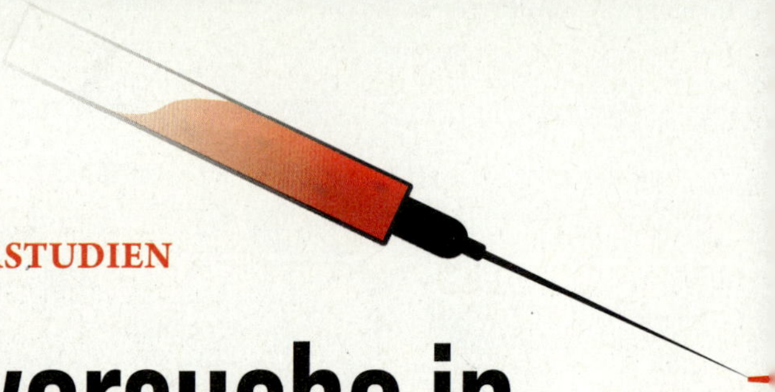

HORRORSTUDIEN

Menschenversuche in Guatemala

Von 1946 bis 1948 führen Wissenschaftler in Guatemala lebensgefährliche Versuche an Menschen aus sozial schwachen Schichten durch. 1.300 Probanden werden vorsätzlich und ohne ihr Wissen mit Syphilis oder anderen sexuell übertragbaren Krankheiten infiziert – im Namen des medizinischen Fortschritts. Nur knapp die Hälfte von ihnen erhält eine Behandlung. Bis heute haben die Opfer und ihre Angehörigen keine Entschädigung erhalten. Es bleibt die Frage: Wer ist für das Verbrechen verantwortlich?

VON **STEFANIE MALLEIER**

In der vorletzten Ausgabe hat KATAPULT über die unter dem Deckmantel des United States Public Health Service (PHS) durchgeführten Experimente an syphiliskranken schwarzen US-Amerikanern in Alabama berichtet. Von 1932 bis 1972 forschten Ärzte an den Männern – ohne sie darüber zu informieren, dass sie an Syphilis litten, und ohne ihnen lebensrettende Medikamente zu gewähren. Die Tuskegee-Syphilis-Studie ist zumindest einigen ein Begriff, steht sie doch für ein dunkles Kapitel in der Forschungsgeschichte an Menschen.

Von den Syphilis-Experimenten in Guatemala hingegen haben wahrscheinlich nur wenige gehört. Insbesondere, wie schwerwiegend dabei gegen Forschungsethik und Menschenwürde verstoßen wurde, dürfte vielen unbekannt sein.[1]

Auf Initiative von Forschern verschiedener US-Universitäten und des Militärs führen Ärzte von 1946 bis 1948 in dem mittelamerikanischen Land eine Reihe von experimentellen Studien über die Auswirkung von Syphilis beim Menschen durch.[2] Das Projekt ist zuvor vom Nationalen Gesundheitsinstitut von Guatemala genehmigt worden, finanziell unterstützt unter anderem vom PHS und der guatemaltekischen Regierung.

Die Leitung der Studien übernehmen die Mediziner John C. Cutler, ein Mitarbeiter des PHS, der zwei Jahrzehnte später auch an der umstrittenen Tuskegee-Studie mitwirken sollte,[3] und Juan Funes, Spezialist für Geschlechtskrankheiten in Guatemala.[4] Bei Studienbeginn bereits bekannt ist: Das Antibiotikum Penicillin kann Syphilis heilen. Der Schwerpunkt der Experimente liegt deshalb auf der Erforschung von Penicillin und dem arsenhaltigen Mittel Orvus-Mapharsen zur Prophylaxe gegen sexuell übertragbare Krankheiten.[5]

Guatemala erscheint als der ideale Ort für Studien dieser Art. Während in Tuskegee bereits viele potenzielle (sprich: arme, bildungsferne) Studienteilnehmer an Syphilis leiden, finden Cutler und Funes in Guatemala Männer und Frauen, die noch nicht an Syphilis erkrankt sind.[6] Die Vermutung der Ärzte: Syphilis beeinflusse verschiedene „Rassen" unterschiedlich. Die Krankheit solle bei der indigenen Bevölkerung Lateinamerikas anders wirken als bei weißen US-Amerikanern oder Europäern. Einige Mediziner sind sogar der Ansicht, dass die Krankheit ihren Ursprung in Mittelamerika habe und die indigene Bevölkerung dadurch eine Art „Rassenimmunität" entwickelt habe.[7] Der rassistische Aspekt ist nicht neu. Rassenideologische Theorien, die bereits den Verlauf der Tuskegee-Syphilis-Studie bestimmen, folgen den Experimenten nach Guatemala.

Die beiden Versuchsreihen weisen trotz ihrer räumlichen Distanz viele Parallelen auf: Die

(1) Reverby, Susan M.: Restorative Justice and Restorative History for the Sexually Transmitted Disease Inoculation Experiments in Guatemala, in: American Journal of Public Health 106(7) 2016, S. 1163-1164, hier: S.1163, auf: pmc.ncbi.nlm.nih.gov.

(2) Reverby, Susan M.: "Normal Exposure" and Inoculation Syphilis: A PHS "Tuskegee" Doctor in Guatemala, 1946–1948, in: Journal of Policy History 23(1) 2011, S. 6-28, hier: S. 11, auf: cambridge.org.

(3) Reverby 2016, S. 1163.

(4) Reverby 2011, S. 11.

(5) Rogers, Kara: Guatemala syphilis experiment, auf: britannica.com (23.11.2011).

Anwerbung von Studienteilnehmern aus sozial benachteiligten Verhältnissen, institutioneller Rassismus, Staatsversagen auf höchster Ebene, fehlende Aufklärung und Zustimmung der Teilnehmer – die Liste ist lang. Trotzdem gibt es einen grundlegenden Unterschied: Während in Alabama an bereits erkrankten Probanden geforscht wird, werden die Studienteilnehmer in Guatemala ohne ihr Wissen und Einverständnis mit Geschlechtskrankheiten infiziert.

Den zwei Jahre andauernden Versuchen werden rund 5.500 Guatemalteken unterzogen, von denen etwa 1.300 absichtlich mit Syphilis, Gonorrhoe oder einer anderen sexuell übertragbaren Krankheit infiziert werden. Nur rund 700 von ihnen werden behandelt. Mindestens 83 der 5.500 Probandinnen und Probanden sterben bis Ende 1953.[8] Eine davon ist Berta. Ihre Leidensgeschichte beginnt in einer Anstalt für psychisch kranke Menschen. Im Februar 1948 wird sie ohne ihre Zustimmung mit Syphilis infiziert. Obwohl sie sofort deutliche Symptome entwickelt, wird sie erst drei Monate später gegen die Krankheit behandelt. Am 23. August notiert Cutler, dass Berta wohl nicht mehr lange leben werde. Noch am selben Tag injiziert er ihr Gonorrhoe-Erreger in beide Augen, ihre Harnröhre und ihren Enddarm und infiziert sie erneut mit Syphilis. Vier Tage später stirbt Berta.[9] Als offizielle Todesursache wird bei vielen Opfern der Menschenversuche bis heute eine vorgeschobene andere Krankheit angeführt. In seinem Syphilis-Abschlussbericht beschreibt Cutler einen „stetigen Verlust von Patienten", den er Tuberkulose und chronischen Krankheiten zuschreibt.[10]

Für die Studie werden nur Menschen aus sozial niederen Schichten ausgewählt: Prostituierte, Gefangene, Soldaten, Kinder und psychisch Kranke – Menschen, die leicht zu beeinflussen sind. Im Tausch für ihre Gesundheit bekommen die Probanden Zigaretten. Eine ganze Schachtel für die Injektion von Syphilis-Erregern, für Blutproben und andere invasive Eingriffe, eine einzelne Zigarette für die klinische Verlaufsbeobachtung.[11]

Die Ansteckung der Studienteilnehmer mit den sexuell übertragbaren Krankheiten erfolgt auf unterschiedliche Arten: durch Geschlechts-

Zeitstrahl der Syphilis-Experimente in Guatemala

April 1946
Die Panamerikanische Gesundheitsorganisation (PASB) **beginnt das Syphilis-„Forschungsprojekt"** in Guatemala

August 1946
John C. Cutler kommt nach Guatemala

August 1946
Die Ärzte **beginnen mit der „Behandlung"** der Patienten

Mai 1947
Beginn der Experimente zur **Übertragung von Syphilis durch Sexarbeiterinnen**

Mai 1947
Beginn der Experimente zur **Übertragung von Syphilis durch Injektionen**

Juni 1947
Cutler befürchtet, dass die falschen Personen von den Experimenten erfahren könnten, und schlägt vor, nur noch **begrenzte Informationen** an das PASB weiterzugeben

August 1947
Beginn der Experimente zur **Übertragung von Syphilis durch die Abschabung und Infizierung der Haut am Penis**

Dezember 1948
Cutler verlässt Guatemala

August 1949
Die Syphilis-Studie in Guatemala wird **beendet**

Februar 1955
Cutler verfasst den **Abschlussbericht** zu den Experimenten

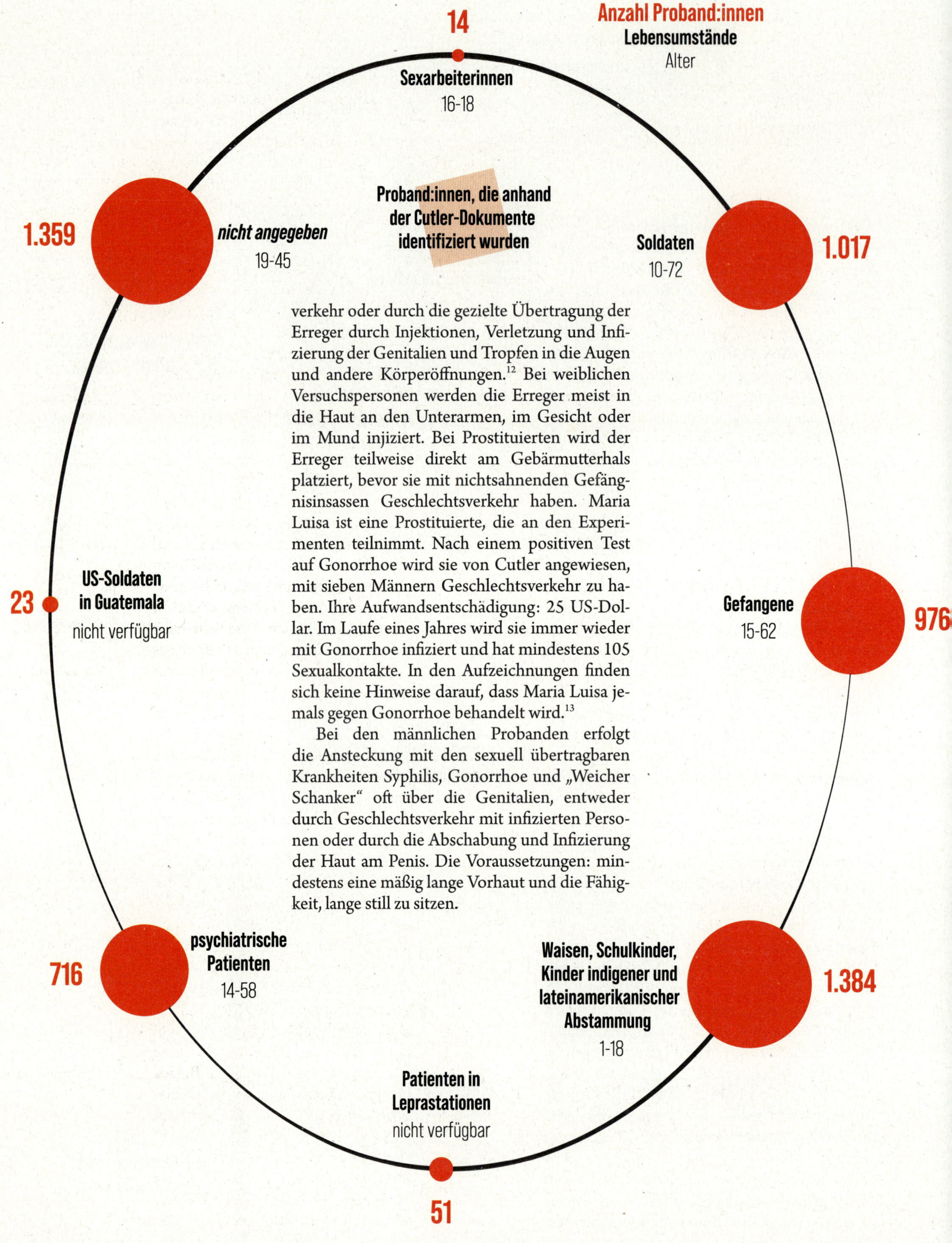

verkehr oder durch die gezielte Übertragung der Erreger durch Injektionen, Verletzung und Infizierung der Genitalien und Tropfen in die Augen und andere Körperöffnungen.[12] Bei weiblichen Versuchspersonen werden die Erreger meist in die Haut an den Unterarmen, im Gesicht oder im Mund injiziert. Bei Prostituierten wird der Erreger teilweise direkt am Gebärmutterhals platziert, bevor sie mit nichtsahnenden Gefängnisinsassen Geschlechtsverkehr haben. Maria Luisa ist eine Prostituierte, die an den Experimenten teilnimmt. Nach einem positiven Test auf Gonorrhoe wird sie von Cutler angewiesen, mit sieben Männern Geschlechtsverkehr zu haben. Ihre Aufwandsentschädigung: 25 US-Dollar. Im Laufe eines Jahres wird sie immer wieder mit Gonorrhoe infiziert und hat mindestens 105 Sexualkontakte. In den Aufzeichnungen finden sich keine Hinweise darauf, dass Maria Luisa jemals gegen Gonorrhoe behandelt wird.[13]

Bei den männlichen Probanden erfolgt die Ansteckung mit den sexuell übertragbaren Krankheiten Syphilis, Gonorrhoe und „Weicher Schanker" oft über die Genitalien, entweder durch Geschlechtsverkehr mit infizierten Personen oder durch die Abschabung und Infizierung der Haut am Penis. Die Voraussetzungen: mindestens eine mäßig lange Vorhaut und die Fähigkeit, lange still zu sitzen.

An den Experimenten Beteiligte

Organisation — Auswahl — Rolle bei den Experimenten

Dr. John Mahoney

Nationale Gesundheitsinstitute (NIH)

Syphilis-Studienkommission US-Gesundheitsministerium (USPHS)

Forschungslabor für Geschlechtskrankheiten (VDRL)

Mahoney war Mitglied der Abteilung für Syphilis-Studien der NIH, die den Forschungszuschuss für Guatemala genehmigte. Er war einer der Hauptverantwortlichen für die Experimente. Mahoney las nicht nur Cutlers Berichte, sondern besuchte auch die Forschungseinrichtung in Guatemala mindestens einmal (1947).

Dr. John Cutler

US-Gesundheitsministerium (USPHS)

Panamerikanische Gesundheitsorganisation (PASB)

Cutler war der Hauptversuchsleiter der Experimente in Guatemala. 40 Jahre nach Beendigung der Studie spendete er seine Forschungsunterlagen der Universität Pittsburgh. Cutler starb 2003, ohne je für seine Taten zur Rechenschaft gezogen worden zu sein.

Dr. Richard Arnold

US-Gesundheitsministerium (USPHS)

Forschungslabor für Geschlechtskrankheiten (VDRL)

Arnold war der Nebenversuchsleiter der Experimente in Guatemala. Er las Cutlers Berichte und besuchte die Forschungseinrichtung in Guatemala mindestens zweimal (1947, 1948).

Oberste Priorität: Diskretion

Die Natur der unethischen Experimente und die daraus resultierende unbedingte Geheimhaltung erfordern eine ständige Gratwanderung der Wissenschaftler. In einem Schreiben an den renommierten Penicillin-Forscher R. C. Arnold gesteht John Cutler 1947, er und seine Kollegen hätten nur wenigen Patienten mitgeteilt, dass sie mit Syphilis infiziert wurden. In einem weiteren Brief äußert er Bedenken, dass „ein paar Worte an die falsche Person hier oder in den USA alles ruinieren könnten".[14]

Diese systematische Vertuschung hat zur Folge, dass die Forschungsergebnisse nie veröffentlicht werden. Im Dezember 1948 verlässt Cutler Guatemala. Vier Jahre später übergibt er seinen Abschlussbericht über die Gonorrhoe-Experimente an den Direktor des Veneral Disease Research Laboratory, das zum PHS gehörte. Das Dokument ist als „geheim" gekennzeichnet. 1955 folgt der Abschlussbericht zu den Syphilis-Studien. Wahrscheinlich hat niemand außer dem Direktor des Labors je einen Blick auf die Berichte geworfen[15] – bis zum Jahr 2010, als die US-amerikanische Historikerin Susan Reverby, nach einer umfassenden Recherche, die menschenverachtenden Versuche öffentlich macht und damit für weltweite Empörung sorgt. Studienleiter Cutler kann sich dazu nicht mehr äußern – er stirbt im Jahr 2003, ohne je für sein zutiefst unethisches Vorgehen zur Rechenschaft gezogen worden zu sein.[16]

Am 1. Oktober 2010 entschuldigen sich die damalige US-Außenministerin Hillary Clinton und Gesundheitsministerin Kathleen Sebelius formal für dieses als „abscheulich", „unethisch" und „verwerflich" bezeichnete Experiment. Am selben Tag drückt auch Präsident Barack Obama seinem guatemaltekischen Amtskollegen Álvaro Colom sein tiefes Bedauern aus.[17]

Abgesehen von den öffentlichen Entschuldigungen geschieht kaum etwas, um die Opfer und deren Nachfahren zu entschädigen. Die US-

(6) Reverby 2011, S. 11.

(7) Presidential Commission for the Study of Bioethical Issues (Hg.): "Ethically impossible" STD Research in Guatemala from 1946 to 1948, S. 72-74, auf: bioethicsarchive.georgetown.edu (13.9.2011).

(8) BBC (Hg.): US scientists ‚knew Guatemala syphilis tests unethical', auf: bbc.com (30.8.2011).

(9) Presidential Commission for the Study of Bioethical Issues 2011, S. 52.

(10) Ebd., S. 42.

(11) Reverby 2011, S. 14.

(12) Reverby 2016, S. 1163.

(13) Presidential Commission for the Study of Bioethical Issues 2011, S. 46.

(14) Reverby 2011, S. 15f.

(15) Presidential Commission for the Study of Bioethical Issues 2011, S. 82, 86.

(16) Rogers 2011.

(17) Reverby 2011, S. 22.

Gesundheitsbehörde CDC stellt zusätzliche Mittel für die Behandlung von sexuell übertragbaren Krankheiten bereit und sowohl Kommissionen in den USA als auch in Guatemala verfassen Berichte über die Menschenversuche.[18] Um für ihre Rechte einzustehen und nicht in Vergessenheit zu geraten, reichen die Opfer der grausamen Experimente und ihre Angehörigen insgesamt drei Klagen ein – gegen die Johns-Hopkins-Universität, deren Forscher an der Studie beteiligt waren, sowie gegen das Pharmaunternehmen, das das Penicillin lieferte, aber auch gegen die USA und Guatemala wegen „Menschenrechtsverletzungen und Verbrechen gegen die Menschlichkeit". Ohne Erfolg. Alle Klagen werden zurückgewiesen, die Schuld der Institutionen könne nicht nachgewiesen werden.[19]

Obwohl kleine Schritte hin zur Aufarbeitung der menschenunwürdigen Experimente in Guatemala gemacht wurden, bleiben weiterhin viele Fragen offen. Wer kann heute noch zur Rechenschaft gezogen werden? Wie könnte eine Entschädigung der Opfer aussehen? Der in Guatemala geborene, aber in den USA aufgewachsene Bürgerrechtsanwalt Robert Garcia betonte vor einigen Jahren: „Entschuldigungen sind nicht genug. Wahrheit und Versöhnung erfordern Behandlung, Entschädigung und die Wiederherstellung der Gerechtigkeit."[20] Doch danach sieht es nach wie vor nicht aus.

(18) Reverby 2016, S. 1164.

(19) Lombardo, Paul A.: Victims Again: Litigation Ends on the US Public Health Service Syphilis Studies in Guatemala, in: Voices in Bioethics 10 (2024), S. 50f., auf: journals.library.columbia.edu.

(20) Reverby 2016, S. 1164.

STEFANIE MALLEIER
KATAPULT

Dr. Juan M. Funes

Funes, ein guatemaltekischer Arzt, hatte die Idee für die Experimente in Guatemala. Er war der Überzeugung, dass das mittelamerikanische Land der beste Ort für die Menschenversuche sei. Funes war an der Überweisung von Sexarbeiterinnen mit Geschlechtskrankheiten an Dr. Cutler beteiligt.

guatemaltekisches Ministerium für öffentliche Gesundheit

Dr. Joseph Moore

Moore war der Vorsitzende der Syphilis-Studienkommission und spielte eine entscheidende Rolle bei der Genehmigung des Forschungszuschusses für Guatemala. Außerdem beriet er das Komitee für medizinische Forschung und hob die Relevanz prophylaktischer Studien hervor.

Nationale Gesundheitsinstitute (NIH)

Syphilis-Studienkommission Vorsitzender des Nationalen Forschungsrats, Unterausschuss für Geschlechtskrankheiten

Genevieve Stout

Stout leitete nach Cutlers Weggang das Labor der Panamerikanischen Gesundheitsorganisation in Guatemala. Sie führte weitere Experimente an den guatemaltekischen Probanden durch.

US-Gesundheitsministerium (USPHS)

Panamerikanische Gesundheitsorganisation (PASB)

Trock'ne Zahlen

Anteil der Bevölkerung, den die Menschen in der Türkei
für Zugewanderte halten, in Prozent

25

Anteil der Zugewanderten
an der Bevölkerung der Türkei, in Prozent

7

Quellen: IOM 2022, Ipsos 2023

STUDIE

Frauen bekommen in Notaufnahmen seltener Schmerzmittel als Männer

Studie: „Sex bias in pain management decisions" von Mika Guzikevits, Tom Gordon-Hecker, David Rekhtman, Shaden Salameh, Salomon Israel, Moses Shayo, David Gozal, Anat Perry, Alex Gileles-Hillel und Shoham Choshen-Hillel (August 2024)

Kurz: Das Geschlecht beeinflusst, ob jemand in der Notaufnahme bei gleichen Schmerzen Schmerzmittel verschrieben bekommt.

Frauen verdienen weniger als Männer – der unbereinigte Gender Pay Gap, also der Lohnabstand zwischen Männern und Frauen, lag in Deutschland im Jahr 2023 durchschnittlich bei 18 Prozent. Es scheint aber auch einen „Gender Painkiller Gap" zu geben, wie eine neue Studie zeigt. Bereits aus früherer psychologischer Forschung ist bekannt, dass Menschen den Schmerz von Frauen als weniger stark beurteilen als den von Männern. Eine Erklärung ist, dass Frauen als emotionaler gelten und deshalb auch ihre Schmerzen verstärkt äußern würden, oder anders gesagt: Ihnen wird unterstellt, zu übertreiben. Hinzu kommen weitere Annahmen, etwa die, dass Frauen Schmerzen besser ertragen könnten als Männer, so die Wissenschaftler.

Davon ausgehend überprüften die Forscher in ihrer Studie die Vermutung, dass sich auch die Schmerzbehandlung der Patienten je nach Geschlecht unterscheiden könnte. Ihre Untersuchung erstreckte sich dabei auf Datensätze aus Notaufnahmen in den USA und Israel mit einer Gesamtstichprobe von 21.851 Entlassungsunterlagen.

Die Annahme bestätigte sich:

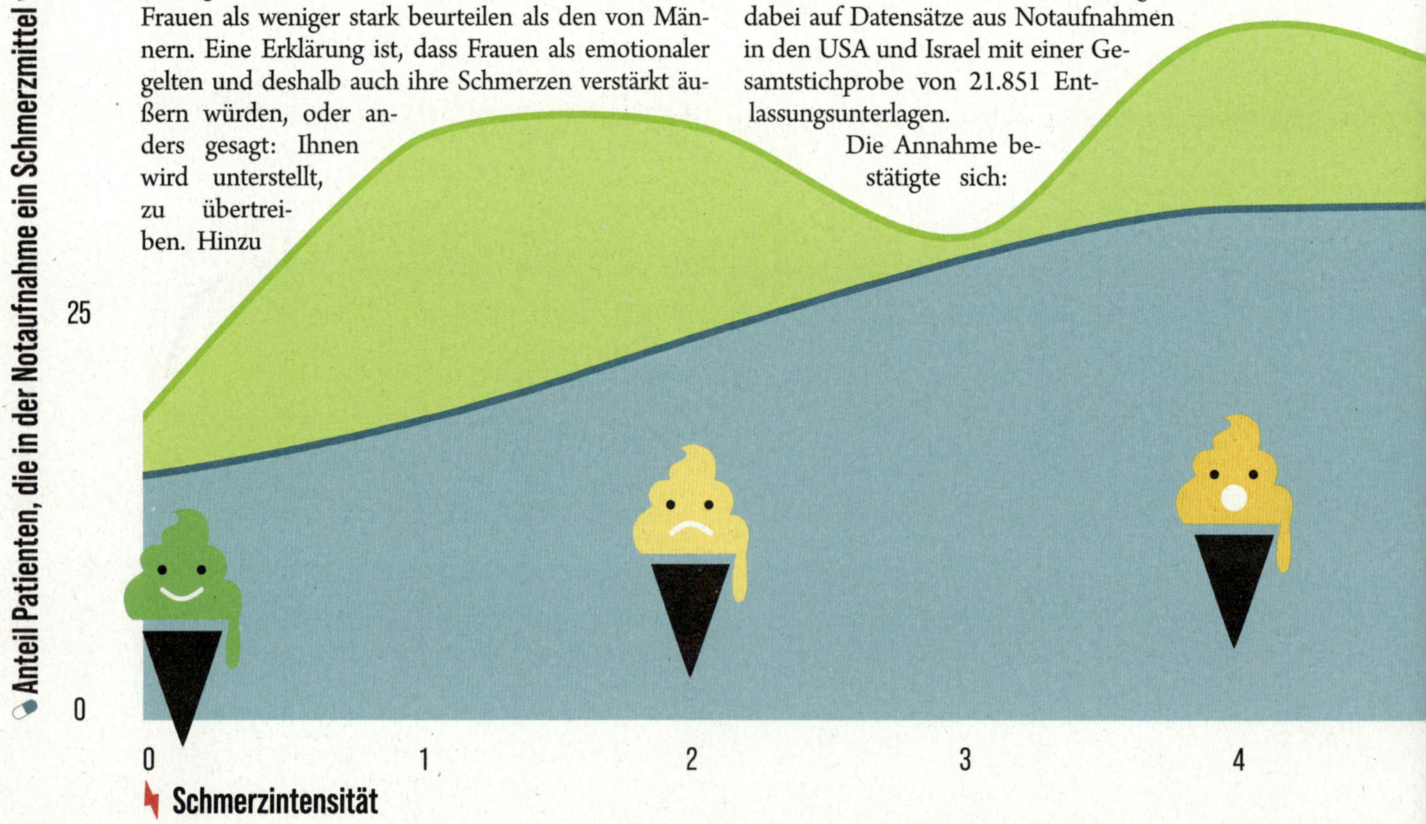

In den untersuchten Notaufnahmen bekamen Patientinnen seltener schmerzlindernde Medikamente verschrieben als Patienten. Das galt für jede Art von Schmerzmittel, sowohl für Opiate als auch für weniger starke Wirkstoffe. Der Unterschied konnte zudem in allen Altersgruppen und für jede Schmerzintensität der Patienten, die sie auf einer Skala von 0 bis 10 angaben, beobachtet werden. Und: Auch das Geschlecht der Ärztin oder des Arztes machte bei der Behandlung keinen Unterschied. Selbst Ärztinnen, die es, so könnte man annehmen, zumindest aus eigener Erfahrung besser wissen müssten, schätzten also die Schmerzen von Patientinnen als weniger intensiv ein als die der männlichen Patienten. Eine Kontrolluntersuchung des Forschungsteams stützt diesen Befund: 109 Pflegekräfte bewerteten die Schmerzen von weiblichen Patienten im Durchschnitt als weniger stark als die von Männern.

Weitere Analysen der Forschenden ergaben, dass die Schmerzwerte weiblicher Patientinnen vom Pflegepersonal mit zehn Prozent geringerer Wahrscheinlichkeit dokumentiert werden. Außerdem bleiben sie im Vergleich zu männlichen Patienten 30 Minuten länger in der Notaufnahme.

Die Forschenden weisen deshalb auf die Gefahr einer „Untertherapie weiblicher Schmerzen“ hin: Werden diese nicht angemessen behandelt, können sie sich zu einem chronischen Leiden entwickeln, zu Medikamentenabhängigkeit und erhöhten Ausgaben im Gesundheitswesen führen.

Studiendesign

Stil	quantitativ
Dauer	Querschnitt
Erhebung	vorhandene Daten und Experiment
Veröffentlichung	Fachzeitschrift

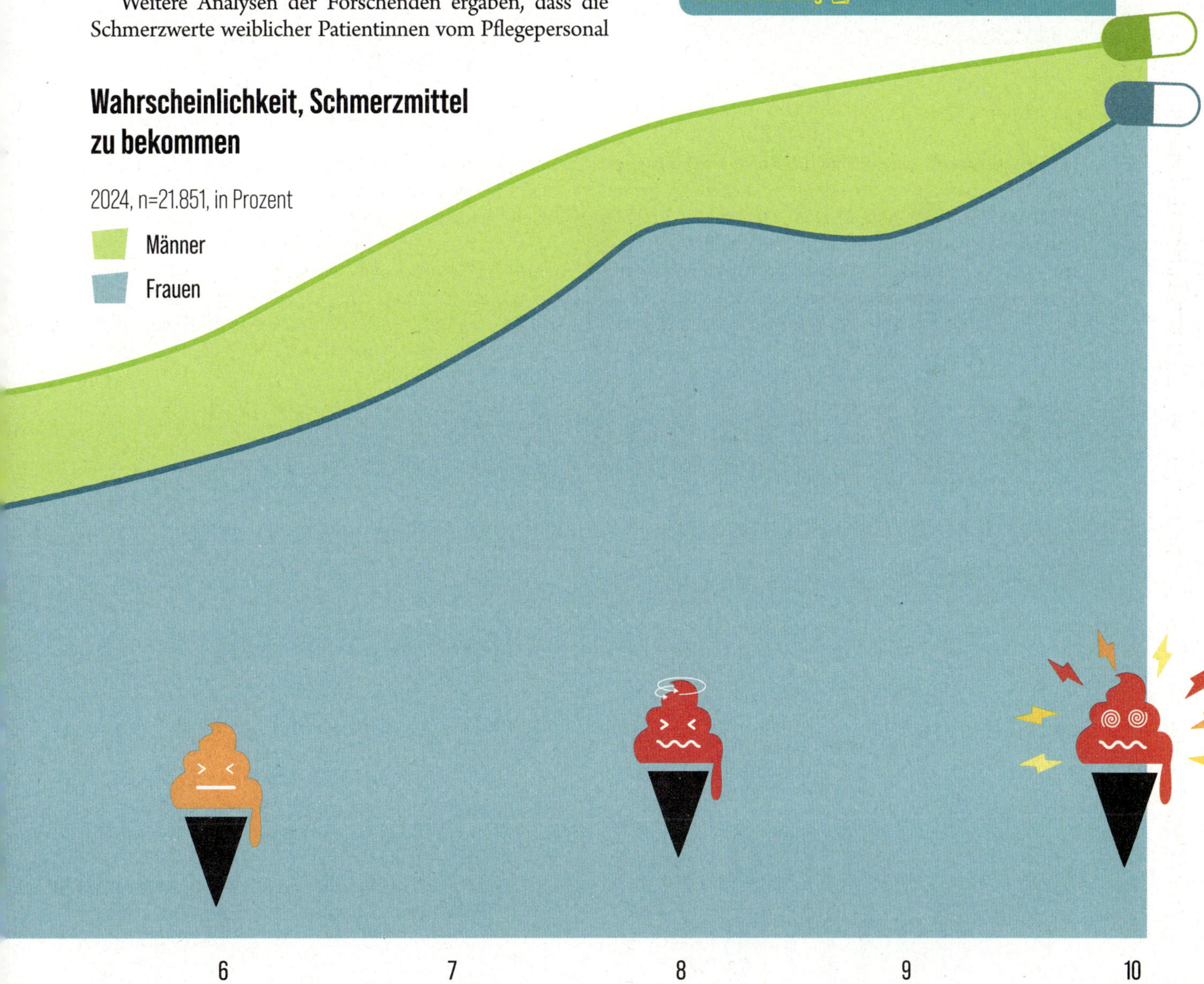

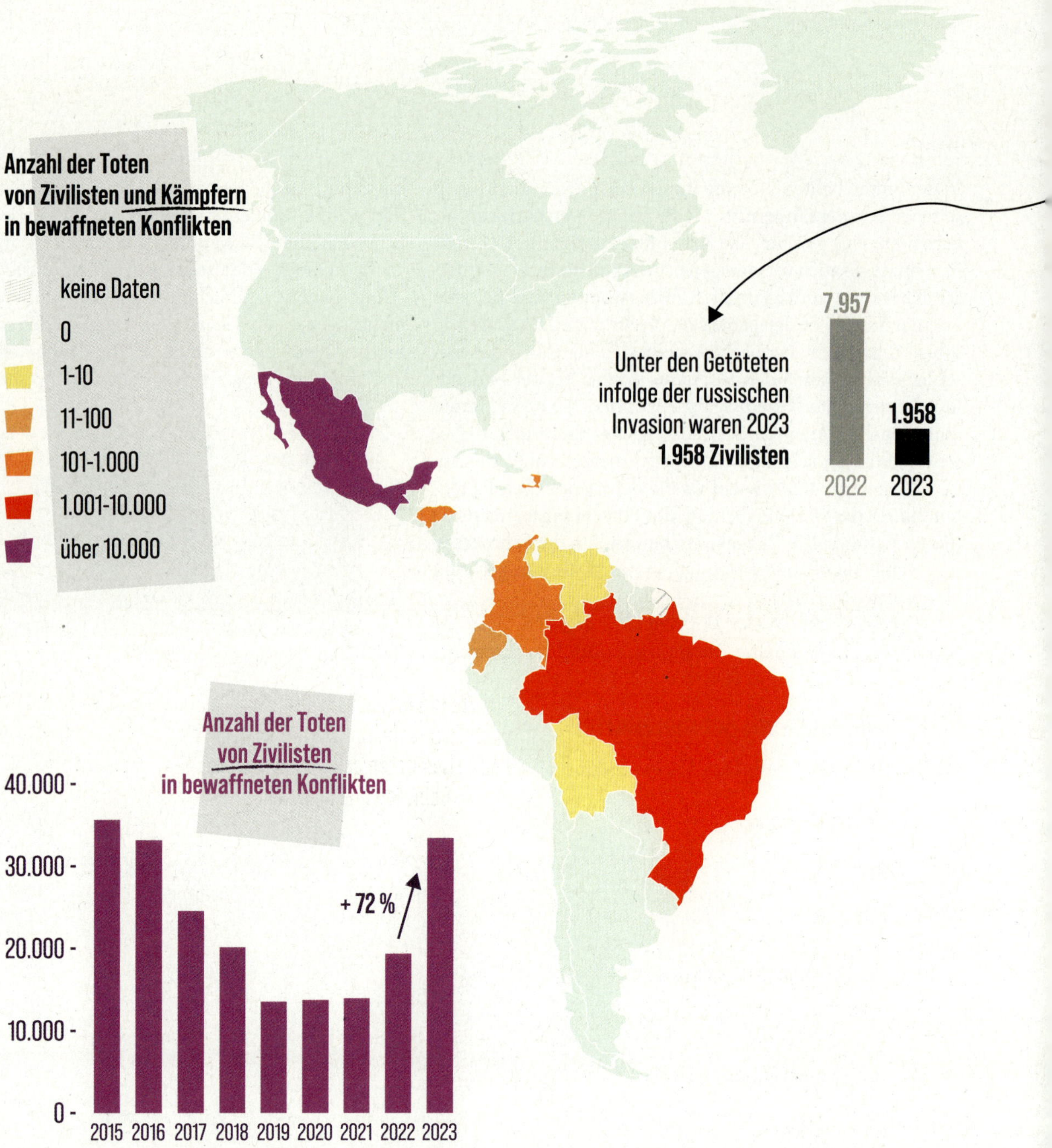

ZIVILE KRIEGSOPFER

Frauen zahlen den Preis

Kriege sind vor allem Männersache. Sie werden meist von Männern in Machtpositionen gelenkt und zum größten Teil von Männern auf dem Feld geführt. Trotzdem sind immer wieder Frauen und Kinder die Leidtragenden.

Die Vereinten Nationen zählten im Jahr 2023 mindestens 33.443 zivile Todesopfer in bewaffneten Konflikten – ein Anstieg von 72 Prozent gegenüber dem Vorjahr. Besonders alarmierend: 30 Prozent der Opfer waren Kinder, weitere rund 40 Prozent Frauen. Auch die Fälle von kriegsbedingter sexualisierter Gewalt an Frauen stiegen um 50 Prozent.

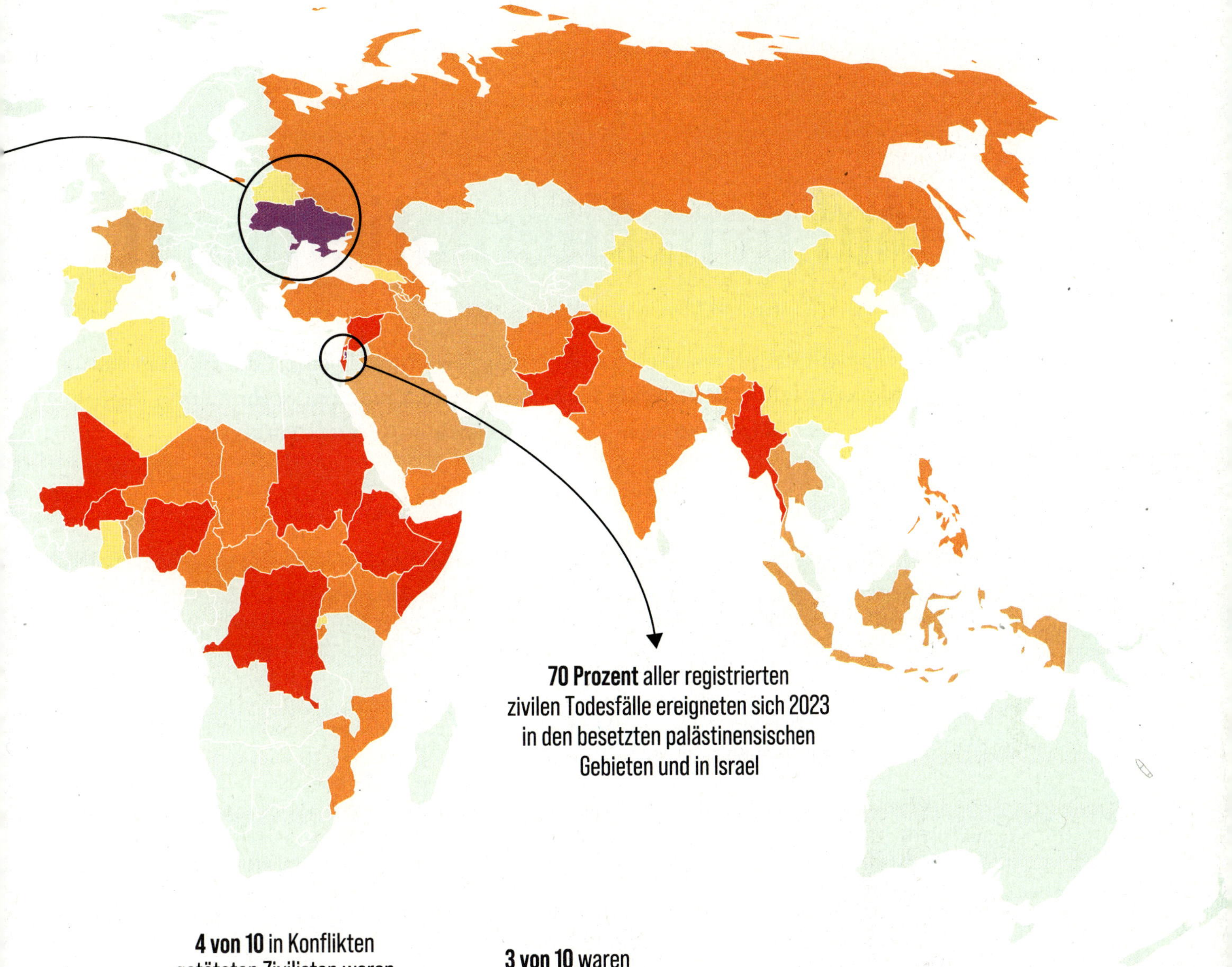

Laut dem UN-Generalsekretär waren der Hamas-Überfall vom 7. Oktober und der anschließende Gazakrieg der tödlichste Konflikt für Zivilisten im vergangenen Jahr. Sieben von zehn Toten weltweit kamen aus den besetzten palästinensischen Gebieten oder aus Israel – die meisten davon Frauen und Kinder. Nicht alle Todesfälle lassen sich auf direkte Kampfhandlungen zurückführen. Auch unzureichende medizinische Versorgung und Komplikationen im Zusammenhang mit Schwangerschaft und Geburt spielen eine große Rolle. Bis Ende des Jahres verzeichneten die Vereinten Nationen im Gazastreifen rund 180 Geburten pro Tag. Die Frauen gebaren meist ohne Hilfe – abgeschnitten von der dafür nötigen Gesundheitsversorgung.

Sima Bahous, die Geschäftsführerin von UN Women, der Organisation der Vereinten Nationen für Gleichstellung und Frauenrechte, bringt es auf den Punkt: „Frauen zahlen noch immer den Preis für die Kriege der Männer." Die politische und militärische Macht liegt weiterhin in der Hand von Männern und auch der Frieden wird von Männern verhandelt. 2023 waren weniger als zehn Prozent der an Friedensgesprächen beteiligten Personen Frauen. Krieg ist und bleibt Männersache.

PARALLELMEDIEN

Auf dem Alternatiefpunkt

Sogenannte Parallelmedien haben einen gewichtigen Anteil daran, dass das Land nach rechts rückt. Viele etablierte Medien machen es ihnen und auch der AfD dabei zu leicht. Eine kommentierende Analyse.

VON **MATTHIAS MEISNER**

(1) Meisner, Matthias: Verkehrte Parallelmedienwelt, auf: journalist.de (29.1.2023).

(2) Achterberg, Beatrice: Aus Angst vor der AfD: Friedrich Merz könnte die Migration sofort begrenzen, aber offenbar traut er sich nicht, auf: nzz.ch (12.11.2024).

Das Adjektiv „sogenannt" ist hier durchweg angebracht: Selbsternannte „alternative" Medien sind so wenig eine Alternative, wie es die AfD in der Parteienlandschaft ist. Und doch wächst hier etwas Gewaltiges heran. Der Einfluss von Parallelmedien in Deutschland und auch in Nachbarländern wie Österreich und der Schweiz nimmt zu. Oft verschwörungsideologische Plattformen, nicht selten mit eindeutig rechtsradikalem Tonfall und voller Fake News, breiten sie sich nicht nur der Zahl nach aus. Auch ihre Reichweite wird größer.[1]

Das stellt einen Angriff nicht nur auf den öffentlich-rechtlichen Rundfunk, sondern auf weite Teile der etablierten Medien dar. Die Parallelmedien knüpfen an die Propaganda der rassistischen und inzwischen aufgelösten Pegida-Bewegung an, bei deren Aufmärschen zehn Jahre lang immer wieder „Lügenpresse" skandiert wurde.

Tatsächlich alternativ: Taz, Correctiv, KATAPULT

Alternativmedium – so sah sich wohl auch die *Taz,* als sie sich bei ihrer Gründung 1978 der Gegenöffentlichkeit verpflichtete. Ist ein typisches Alternativmedium eines, das ausdrücklich gar nicht neutral sein möchte? Wie der 2014 gegründete Faktenchecker-Blog *Volksverpetzer,* der laut Eigenwerbung stets so sein will, „dass die AfD etwas dagegen hat". Oder ist es KATAPULT, in dem dieser Text erscheint, und das von Greifswald und inzwischen auch Chemnitz aus einer monopolisierten Zeitungslandschaft etwas entgegensetzen möchte?

Zu nennen ist auch das Recherchekollektiv *Correctiv,* das angetreten ist, um mit investigativem Journalismus die demokratische Gesellschaft zu stärken. Schon vor dem Bericht über ein Geheimtreffen zur massenhaften „Remigration" packte Correctiv heiße Eisen an, die von anderen Medien vernachlässigt wurden: etwa im März 2023 das Thema häusliche Gewalt und die damit verbundenen Justizskandale.

Etablierte Medien spielen die Bälle zu

Es gibt diese alternativen Pflanzen und Pflänzchen in der Medienlandschaft. Ihnen gegenüber ist ein rechtes Medienimperium gewachsen, das in seiner ganzen Gefahr vielfach noch unterschätzt wird. Eines, das sich selbst strategisch ergänzt durch zahlreiche Kanäle auf Plattformen wie Tiktok und Telegram. Eines, dem auch etablierte Medien regelmäßig die Bälle zuspielen, beispielsweise das Monatsmagazin *Cicero* oder die *Neue Zürcher Zeitung,* das Springer-Blatt *Die Welt,* die *Berliner Zeitung* oder auch Lokalblätter wie der in Neubrandenburg erscheinende *Nordkurier* oder die *Schwäbische Zeitung* aus Ravensburg.

Immer wieder schreibt etwa die NZZ gegen die von der CDU errichtete Brandmauer gegen Rechts an – und riet der Union zuletzt im November, sich beim Thema „Zustrombegrenzungsgesetz" um eine parlamentarische Mehrheit nicht nur mit der FDP, sondern auch mit dem BSW und der AfD zu bemühen. Eines der Argumente: Donald Trump habe sich doch in den USA auch nie zum Getriebenen seiner medialen Kritiker machen lassen.[2]

„Die Alternativmedienmacher" überschrieb der *Spiegel* im September eine umfangreiche Recherche über die Berliner Zeitung, genannt „Protokoll einer Disruption". Seit die Zeitung vom Ostberliner Softwaremillionär Holger Friedrich und seiner Frau Silke übernommen wurde, herrsche dort „viel Verständnis für Autokraten, Impfgegner und Russlanderklärer".[3]

Zweifelhafter Aktivismus bei der Schwäbischen Zeitung

In anderen Medien aufgefallen ist auch der dubiose Aktivismus des Zeitungsverbundes *Nordkurier, Schweriner Volkszeitung* und *Schwäbische Zeitung*.[4] „Auf Kollisionskurs mit dem Pressekodex" überschrieb das Onlinemagazin *Übermedien* im Oktober eine Recherche zur Schwäbischen Zeitung. Im Mittelpunkt standen die „Corona-Spekulationen" von Philippe Debionne, der inzwischen Chefredakteur des Nordkuriers ist. Auch *Medieninsider, FAZ, Taz, Zeit online* und andere befassten sich mit dem Thema: „Ist die ‚Schwäbische Zeitung' zur Bühne für AfD und Querdenker geworden?", lautete eine Frage. Der *SWR* zitierte einen Redakteur des Blattes mit den Worten, Debionne sei „affin für Rechtspopulismus und die ‚Querdenker'-Szene"[5]– was dieser empört zurückwies.

Selbstkritik bei den abgedrifteten Zeitungen? Fehlanzeige. Auch der Chefredakteur der Schwäbischen Zeitung, Gabriel Kords, schrieb im eigenen Blatt, Berichte „über einen vermeintlichen Rechtskurs" seien „haarsträubender Unsinn".[6] Die Chefredaktion der Berliner Zeitung warf dem Spiegel als Reaktion auf die Kritik an den Friedrichs in einem offenen Brief vor, „regelrechte Lust" zu verspüren, „Akteure des Berliner Verlags mit taktischen Fouls aus dem Spiel zu nehmen".[7]

Doch längst geht es nicht bloß um einzelne einst renommierte Regionalzeitungen oder frühere Qualitätsmedien wie Cicero oder NZZ: In einem Beitrag für die Zeitschrift *Journalist* – das Organ des Deutschen Journalistenverbands – zieht der AfD-kritische Autor und Journalist Michael Kraske eine bittere Bilanz zum Umgang der Medien mit der rechten Bedrohung ganz allgemein.[8] Kraske betrachtet nicht nur den Versuch der öffentlich-rechtlichen Sender als gescheitert, AfD-Spitzenpolitiker auf „Meinungsbühnen" zu entlarven.

Wird die ostdeutsche Wählerschaft geschont?

Auch viele Regionalzeitungen gerade in AfD-Hochburgen würden die Partei nicht hart genug anpacken: „Beim Versuch, deren ostdeutsche Wählerschaft zu schonen, gehen die Medien der AfD inhaltlich auf den Leim." Die rechtsradikale Partei habe es geschafft, „mit dem Kampfbegriff ‚Neutralität' und dem Ruf nach Fairness eine Art vorauseilenden Gehorsam bei den Medien zu erzeugen". Im Tagesgeschäft der Redaktionen vor den Wahlen bleibe der extremistische Kern der AfD „bestenfalls unscharf".

Mit anderen Worten: An die Stelle von „besorgten Bürgern" – letztlich ein Euphemismus für Menschen, die sich von der Demokratie längst abgewandt haben – treten immer häufiger „besorgte Leser". Mit ihnen möchten sich viele Redaktionen immer seltener anlegen, um die existenzielle Krise ihrer Blätter nicht zu verschärfen. Dramatisch zu kurz kommt, sagt auch Kraske, dann „die Berichterstattung über den demokratischen, kreativen und vielfältigen Osten, den es selbst in rechten Hotspots gibt".

Querfront und Provokation

Es ist ganz allgemein in der Medienlandschaft etwas ins Rutschen geraten. Und die selbsternannten „freien" und „alternativen" Medien schaffen das ideologische Fundament dafür. In der Juni-Ausgabe der *Blätter für deutsche und internationale Politik* schrieb Markus Linden über die „radikale Mosaik-Rechte", die sich durch Selbstverharmlosung und Provokation auszeichne, ohne durchweg rechtsextrem zu sein: „Das Feld reicht von den Nachdenkseiten bis Nius, von Multipolar bis Tichys Einblick, vom Deutschlandkurier bis Auf1, von der Weltwoche bis zu Kontrafunk, von Apolut bis zum RT-Nachfolger Infrarot." Mehrere Parteien wurzelten dort, neben der AfD zum Beispiel das Bündnis Sahra Wagenknecht, die Werteunion von Ex-Verfassungsschutzchef Hans-Georg Maaßen, die Corona-Verharmloser von *Die Basis* – eine „Querfront" rechter und linker Ideologien mit dem Ziel, politische Macht zu gewinnen. Deren Vertreter fänden „eine Öffentlichkeit, die eigene Experten und eigene Wahrheiten besitzt, nie diskursiv ist und immer ihren Gegner kennt". Laut Linden steckt hinter dem Begriff „Mosaik-Rechte" ein größeres strategisches Konzept der neuen Rechten. Das Rechtsaußen-Lager verfolge so die Absicht, seine Ziele bis in angeblich konservative Kreise zu etablieren.[9]

Faesers Fehlschlag

Diesem Muster folgt auch das rechtsextreme Magazin *Compact* von Jürgen Elsässer. Der Versuch von Bundesinnenministerin Nancy Faeser (SPD), es auf Grundlage des Vereinsrechts zu verbieten, wurde zu einem Fehlschlag. Einen Monat nach dem Vollzug setzte das Bundesverwaltungsgericht das Verbot im August teilweise wieder aus.[10] Und betonte das „besondere Gewicht" von Meinungs- und Pressefreiheit.

(3) Kuzmany, Stefan: Die Alternativmedienmacher, auf: spiegel.de (28.9.2024).

(4) Martens, René: Die „Schwäbische Zeitung" auf Kollisionskurs mit dem Pressekodex, auf: uebermedien.de (24.10.2024).

(5) Heine, Isabel: „Schwäbische Zeitung": Stellenabbau und Verunsicherung, auf: swr.de (21.8.2024).

(6) Kords, Gabriel: Wer „rechts" ist, hat verloren, auf: schwaebische.de (3.10.2024).

(7) Kurianowicz, Tomasz u.a.: Offener Brief der Berliner Zeitung an den Spiegel: Woher kommt diese Lust am taktischen Foul?, auf: berliner-zeitung.de (30.9.2024).

(8) Kraske, Michael: Das große Beben, auf: journalist.de (26.9.2024).

(9) Linden, Markus: Der Aufstieg der Mosaik-Rechten, auf: blaetter.de (Juni 2024).

Das Netzwerk alternativer Medien

Auswahl, wenn nicht anders gekennzeichnet Stand 2022

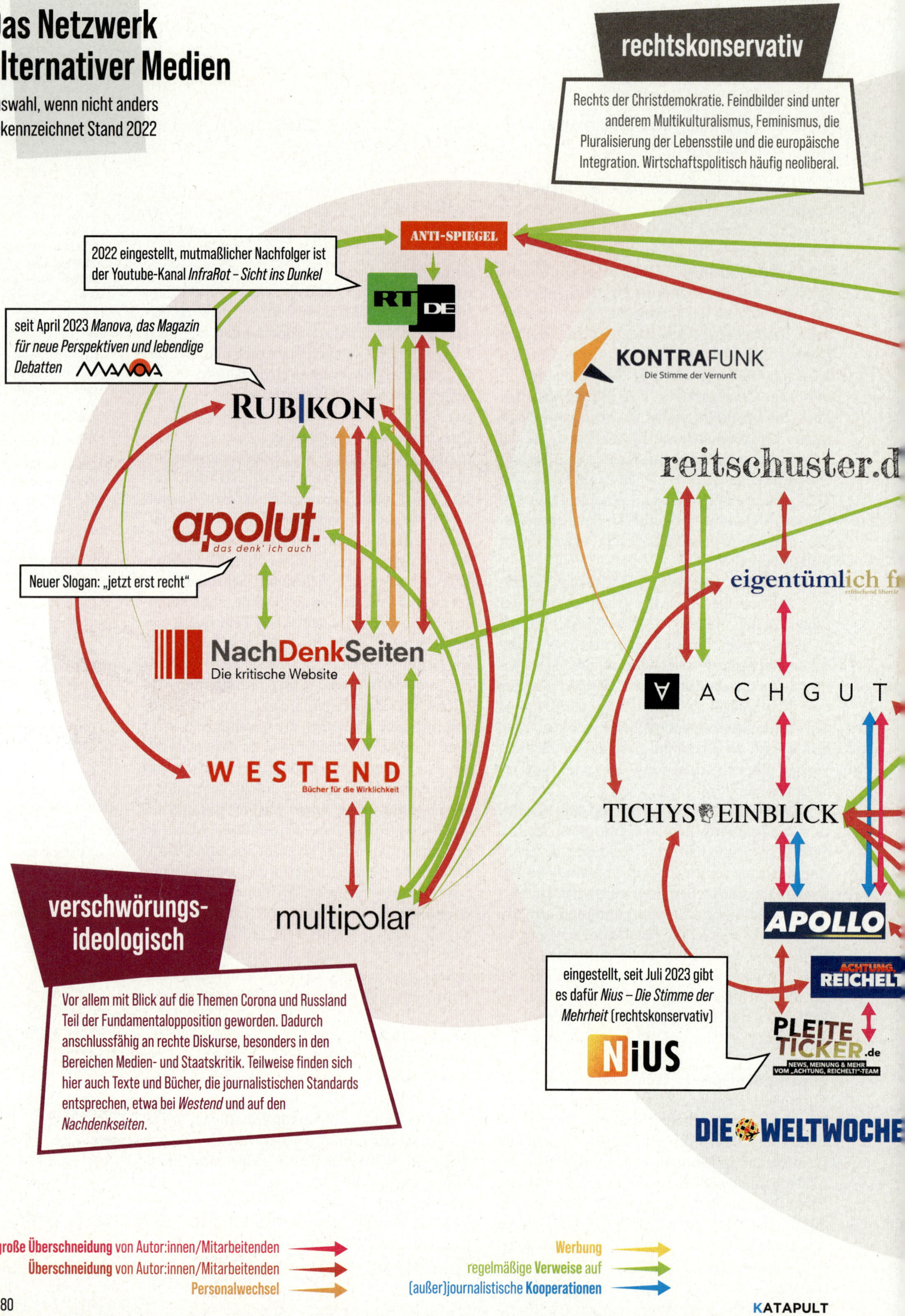

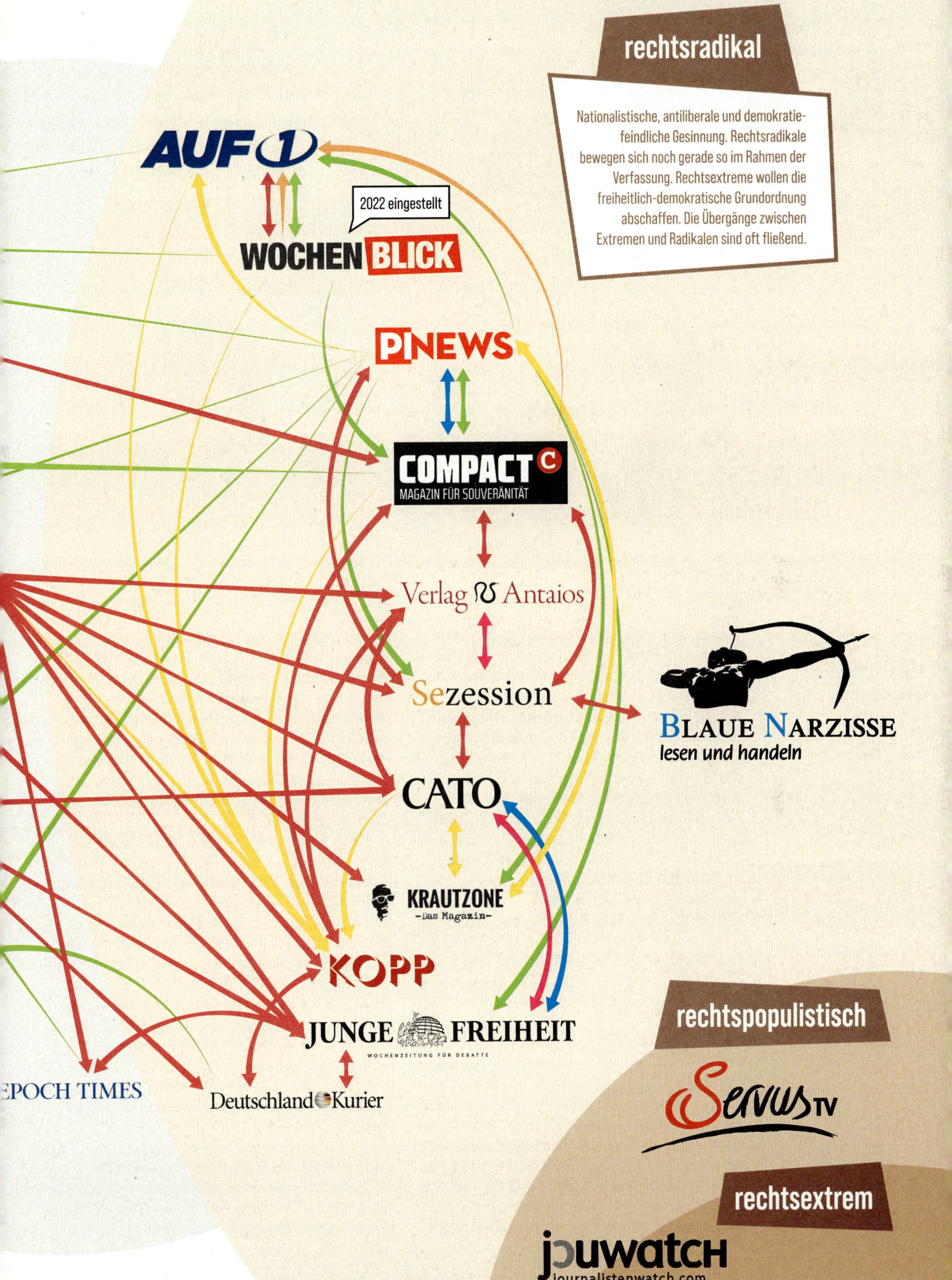
rechtsradikal
Nationalistische, antiliberale und demokratiefeindliche Gesinnung. Rechtsradikale bewegen sich noch gerade so im Rahmen der Verfassung. Rechtsextreme wollen die freiheitlich-demokratische Grundordnung abschaffen. Die Übergänge zwischen Extremen und Radikalen sind oft fließend.
AUF1
2022 eingestellt
WOCHENBLICK
PI NEWS
COMPACT
MAGAZIN FÜR SOUVERÄNITÄT
Verlag Antaios
Sezession
BLAUE NARZISSE
lesen und handeln
CATO
KRAUTZONE
-Das Magazin-
KOPP
JUNGE FREIHEIT
WOCHENZEITUNG FÜR DEBATTE
EPOCH TIMES
DeutschlandKurier
rechtspopulistisch
ServusTV
rechtsextrem
jouwatch
journalistenwatch.com

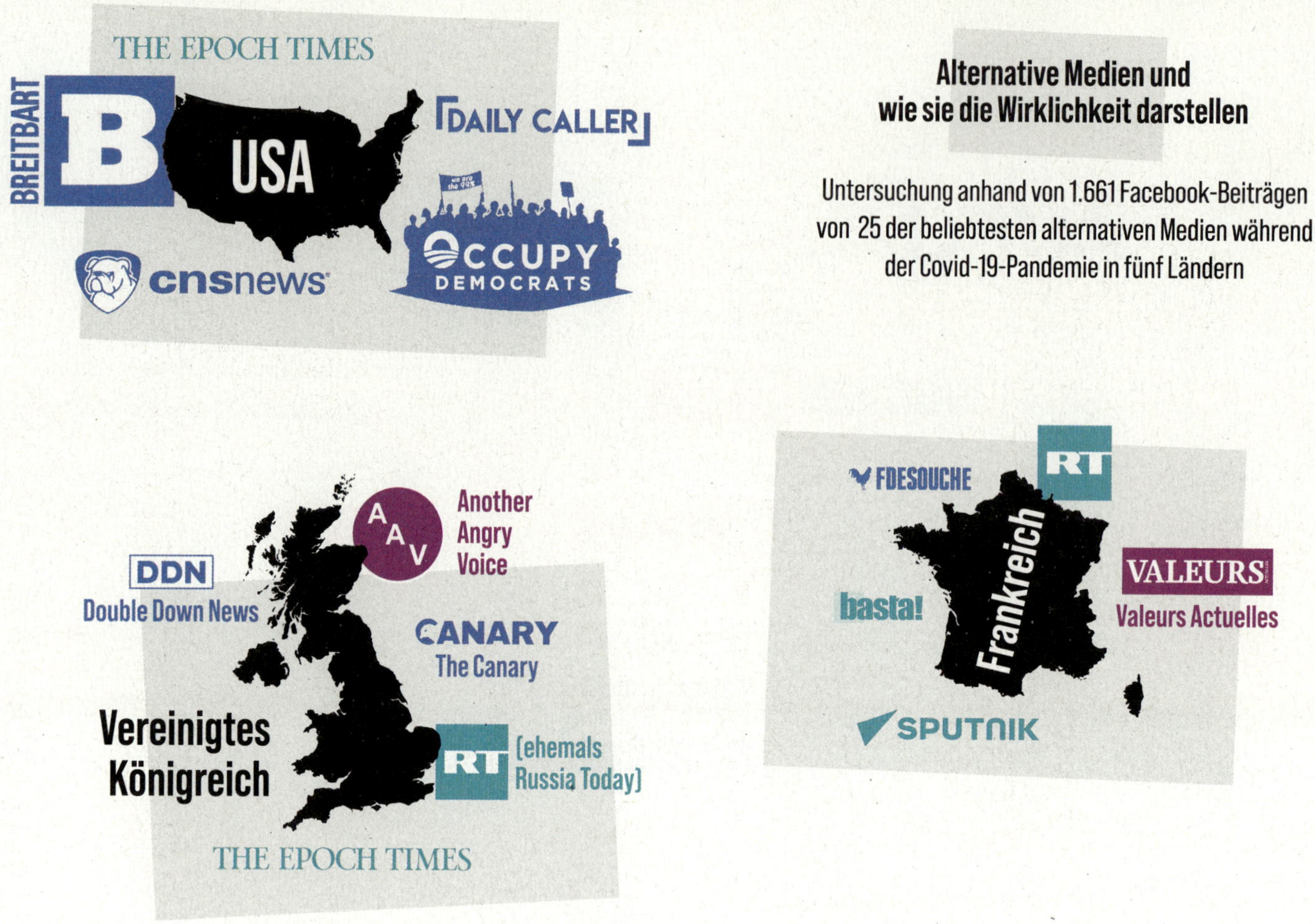

Faesers 79-seitige Verbotsverfügung landete erst einmal im Aktenschrank: „Dieses Magazin hetzt auf unsägliche Weise gegen Jüdinnen und Juden, gegen Menschen mit Migrationsgeschichte und gegen unsere parlamentarische Demokratie." Und: Compact vertrete ein „völkisch-nationalistisches Gesellschaftskonzept", nach Ansicht des Magazins „ethnisch Fremde" sollten aus dem Staatsvolk ausgeschlossen werden. Faeser sprach von „Widerstands- und Revolutionsrhetorik", „gezielten Grenzüberschreitungen" sowie „verzerrenden und manipulativen Darstellungen".

Über das Verbot soll nun erst ab Juni 2025 abschließend verhandelt werden.[11] Den Status quo beschreibt Michael Kraske so: „An vielen Kiosken und Tankstellen kann man zwar das zwischenzeitlich verbotene rechtsextreme Compact-Magazin kaufen, nicht aber Spiegel oder Zeit. Der Journalismus ist im Osten auf dem Rückzug."

Compact-Chef Elsässer war mal ein Linker. Seit 2016 hatten zwei Autoren des Leipziger Stadtmagazins *Kreuzer* verfolgt, wie er sich zum rechten Agitator wandelte, im Oktober 2016 beim zweiten Pegida-Geburtstag gemeinsam mit dessen Anführer Lutz Bachmann, dem rechten Aktivisten Michael Stürzenberger, Martin Sellner von der Identitären Bewegung und dem rechten Ideologen Götz Kubitschek auf der Bühne in Dresden stand. Er sprach von „Umvolkung", „Volkszerstörung" und „Globalismus", sagte Sätze wie: „Weite Teile der alten Bundesländer sind im Grunde eine islamisch besetzte Zone." Paul Simon und Andreas Raabe analysierten: „Elsässer beherrscht die Klaviatur der deutschtümelnden Hetze, denn er hat jahrelang gegen sie angeschrieben." Den Compact-Chef zitierten sie mit den Worten, die AfD sei für ihn „der Stock, mit dem wir die Blockparteien prügeln müssen, bis sie grün und blau sind".

Beim Kreuzer war schon damals vom Verdacht die Rede, dass Compact vom Kreml finanziert wird. Der später selbst in die Parallelmedienwelt abgetauchte langjährige Russland-Korrespondent Boris Reitschuster wurde mit der Feststellung zitiert, Elsässer trage seinen Teil zur russischen Medienstrategie bei. Reitschuster beobachtete demnach bei Compact „Kontakte zu genau den Organisationen beziehungsweise Personen aus Moskau, die am lautesten davon reden, dass der Westen propagandistisch zu unterwandern ist". Viele Texte würden sich lesen „wie aus der Propaganda-Abteilung des Kremls". Das könne schwerlich ein Zufall sein.

Compact für eine Kanzlerin Wagenknecht

Mit fast ähnlichen Begründungen, wie sie die Bundesinnenministerin drei Jahre später für das Verbot wählte, hatte das Bundesamt für Verfas-

(10) Bundesverwaltungsgericht (Hg.): Bundesverwaltungsgericht setzt Sofortvollzug des Compact-Verbots teilweise aus, auf: bverwg.de (14.8.2024).

(11) Huesmann, Felix: „Compact"-Verbot: Prozess um mehrere Monate verschoben, auf: rnd.de (18.10.2024).

leicht verzerrend
(Sensationslust, Emotionen, Berichterstattung leicht ideologisch geprägt)

stark verzerrend
(Sensationslust, Emotionen, Berichterstattung stark ideologisch geprägt, mehr Populismus)

verbreitet ideologische Fehlinformationen
(deutlich mehr Sensationslust, Verschwörungsrhetorik und Pseudoexperten, ebenfalls populistisch)

verbreitet extreme Fehlinformationen
(meiste Sensationslust, Verschwörungsrhetorik, Emotionen und Skepsis, und am populistischsten)

sungsschutz Compact bereits 2021 als „gesichert rechtsextremistisch" eingestuft. Im Februar 2024 nahmen dann Hunderte Bahnhofsbuchhandlungen in Deutschland das Blatt aus ihrem Angebot. Elsässer hatte sich derweil bemüht, durch Allianzen mit dem ideologisch entgegengesetzten Lager von der glasklar rechtsextremen Orientierung abzulenken. Ein Beispiel: Im Dezember 2022 hob das Magazin die Noch-Linken-Politikerin Sahra Wagenknecht auf seine Titelseite, Überschrift: „Die beste Kanzlerin – eine Kandidatin für Links und Rechts". Mit einer eigenen Partei könne Wagenknecht bis zu 30 Prozent abräumen, ermunterte Elsässer im Editorial. „Zusammen mit der AfD würde das zu einer Querfront-Mehrheit reichen."[12]

Das Compact-Verbot polarisierte. Der Rechtsextremismus-Experte Andreas Speit sah in der Taz keinen Eingriff in die Meinungsfreiheit: „Wen jetzt also allein die Sorge der Pressefreiheit umtreibt, der könnte die Gefahr des Netzwerks Compact, [seine] Strategie und [seine] Macht verkennen."[13] Mit seinen Auftritten verfolge Elsässer ein Ziel: „Wir wollen einfach das Regime stürzen." Die Autorin und Desinformationsexpertin Karolin Schwarz sagte bei einer Videokonferenz des Zentrums Liberale Moderne: Compact sei „keine Presse, das ist pure Propaganda". Aus ihrer Sicht habe es „sehr lange gedauert", bis der Rechtsstaat reagiert habe, und sie hoffe, dass man sich hinreichend vorbereitet habe. Diese Hoffnung ging nicht auf.

Der frühere Geheimdienst-Chef Maaßen hingegen wählte das vom thüringischen AfD-Vorsitzenden Björn Höcke gehypte Internetradio *Kontrafunk*, um Faeser zu bezichtigen, „verfassungswidrig" und „perfide" gehandelt und unzulässig in die Pressefreiheit eingegriffen zu haben. Maaßen äußerte sich ausgerechnet in dem Medium, das Höcke zum Sendestart im Juni 2022 auf Twitter als „hochwertige Alternative zum öffentlich-rechtlichen Rundfunk" gelobt hatte. Er stimmte dem Interviewer zu, dass es der Bundesregierung darum gehe, abweichende und regierungskritische Meinungen „zu diffamieren, um sie abschalten zu können".

Hilfe von Coronaleugnern

Nach der im ersten Anlauf gescheiterten Verbotsverfügung Faesers höhnte Jürgen Elsässer dann im August: „Die Demokratie siegt über die Diktatur und das Volk siegt über das Regime!" Bereits zuvor hatte der Schritt der Bundesinnenministerin die Szene mächtig mobilisiert. Elsässer und seine rechtsextreme Zeitschrift bekamen in der Debatte Unterstützung unter anderem von

(12) Meisner, Matthias: Wagenknechts Welt, auf: mission-lifeline.de (20.11.2022).

(13) Speit, Andreas: Gegen ein ganzes Netzwerk, auf: taz.de (20.7.2024).

Entwicklung der Anzahl lokaler Tageszeitungen in Deutschland

nach Landkreisen, 1992 und 2023

1 2 3

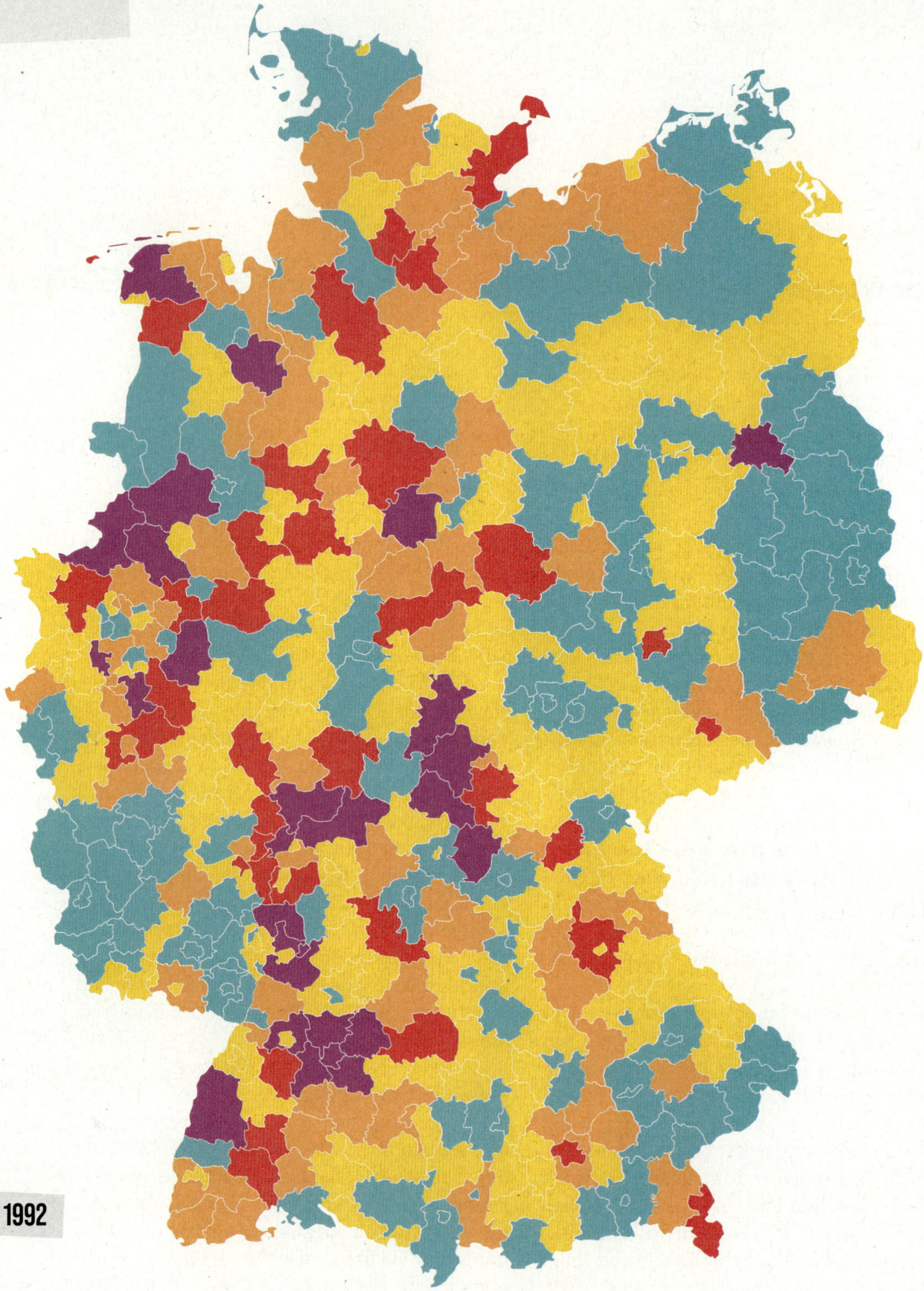

1992

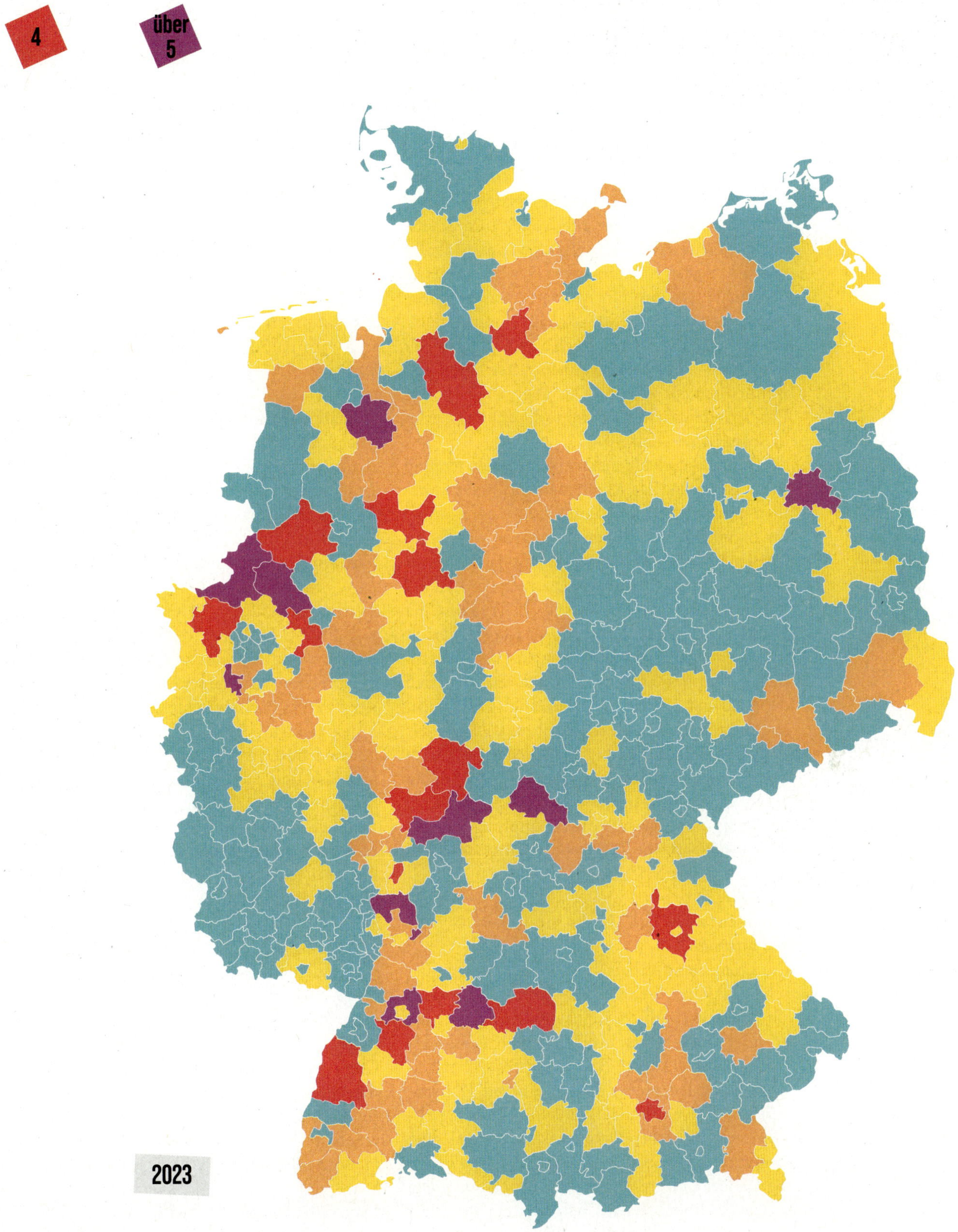
4
über 5
2023

(14) Heinze, Anna-Sophie: Parlament als Bühne, auf: verfassungsblog.de (7.2.2024).

der Querdenken-Bewegung um Michael Ballweg, der in einem Aufruf zu einer Demonstration Anfang August in Berlin schrieb, er gehe davon aus, dass das verbotene Magazin bald wieder erscheine: „Freiheit lässt sich nicht verbieten." Tage später schmierten Coronaleugner unter Hinweis auf die Demo „Lügner" und „Heuchler" an die Pforte des *ARD*-Hauptstadtstudios.

Dies alles ist eine fatale Stimmungsmache gegen angebliche „Staatsmedien" und „Mainstreammedien". Ohne Berührungsängste geben Menschen wie Maaßen, die früher zum Staatsapparat gehörten, auch verschwörungsideologischen Portalen Interviews. Der Ex-Geheimdienstchef ist nur ein Vertreter einer größer werdenden Gruppe, die sich in ihrer Öffentlichkeitsarbeit immer noch gern etablierter Zeitungen und Rundfunkanstalten bedient, wenn diese sie fragen. Die aber zugleich die Propagandamaschinerie mittels „eigener" Medien am Laufen hält.

Der AfD und anderen rechtsradikalen Kräften ist es gelungen, das Misstrauen in Qualitätsmedien immer weiter zu nähren. 2019 lud die AfD im Bundestag zur „ersten Konferenz der freien Medien" ein – Compact war damals dabei, als nur einer von zahlreichen Akteuren. Auch der Aktivist Stürzenberger kam, Kubitschek, *PI News* und die Gründer der rechten Website *Jouwatch,* die mit trickreichen Anträgen jahrelang von der steuerlichen Gemeinnützigkeit profitierte. Dass speziell die AfD mit irreführenden und falschen Informationen operiert und stark mit den Mitteln der Vereinfachung und Empörung arbeitet, beschrieb die Trierer Demokratieforscherin Anna-Sophie Heinze im Februar im *Verfassungsblog:* Die Partei befeuere „immer wieder die Behauptung, es gebe in Deutschland eine Zensur beziehungsweise keine echte Meinungsfreiheit".[14]

Grenzen zwischen Links und Rechts verschwimmen

Die Grenzen zwischen Links und Rechts verwischen in dieser Szene. Die *Nachdenkseiten,* einst als Portal vorbildlicher Gegenöffentlichkeit gegründet, lobten den AfD-Politiker Alexander Gauland für die beste Bundestagsrede zum Ukraine-Krieg. Der rechte Blogger Roland Tichy tat sich mit dem ehemaligen Linken-Bundestagsabgeordneten Diether Dehm zusammen für eine Gesprächsreihe „Streit-Bar" als „Zeichen gegen die Cancel Culture" – als einer der ersten Gäste wurde Nachdenkseiten-Chefredakteur Jens Berger geladen. Lisa Fitz, linkes Kabarett-Urgestein aus Bayern, quittierte beim öffentlich-rechtlichen Rundfunk, um dann selbst ein Videoformat bei den Nachdenkseiten zu übernehmen. Bei *Punkt.Preradovic* auf Youtube wiederum warb sie dafür, die AfD endlich an einer Regierung zu beteiligen. Schließlich sei die Partei „demokratisch gewählt".

Kreuz und quer laufen die Verbindungen: Der frühere Chef von *Compact TV,* Martin Müller-Mertens, wurde 2022 als Berlin-Korrespondent für *Auf1* verpflichtet, als der österreichische Sender nach Deutschland expandierte. Die Berliner Immobilienmaklerin Silke Schröder wiederum hatte jahrelang eine Gesprächsreihe beim Lokalsender *TV Berlin,* in der sie unter anderem Auf1-Chefredakteur Stefan Magnet in einem 38-minütigen Gespräch gefällig befragte. Magnet warb dafür, die Macht der „Kartellmedien" zu brechen.

Mosaik der radikalen Rechten

Die „radikale Mosaik-Rechte", wie es Markus Linden ausdrückt, ähnelt sich in ihren Erzählweisen. Im Februar 2023 plante der rechtspopulistische Sender *Servus TV* aus Österreich eine Talkrunde. In der Einladung an potenzielle Gäste, verschickt von einer ehemaligen *NDR*-Redakteurin, hieß es: „‚Friedensschwurbler': Mit diesem Begriff werden neuerdings all jene abqualifiziert, die sich für ein Ende der Waffenlieferungen an die Ukraine und für Verhandlungen mit Russland aussprechen. Kein neues Phänomen: Seit Beginn der Corona-Pandemie steigt die Lust, das Meinungsspektrum in richtig und falsch oder sogar gut und böse zu teilen. (…) Mancher zerbricht an Hass und Hetze. (…) Ist dieser tiefe Riss noch zu kitten?"

Viele der Akteurinnen und Akteure, die heute für „Alternativmedien" arbeiten, standen früher im Dienst jener Publikationen und Sender, die von ihnen inzwischen als „Systemmedien" verfemt werden. Allein in der Bundespressekonferenz, der Vereinigung der Hauptstadtkorrespondenten, lässt sich das beobachten: Ein Ex-*MDR*-Reporter fragt für die *Junge Freiheit,* ein früherer *Focus*-Mann meldet sich für *Tichys Einblick,* für das Portal *Nius* des ehemaligen Bild-Chefs Julian Reichelt sitzt dort unter anderem der ehemalige Bild-Hauptstadtbüroleiter. Das Internetradio Kontrafunk wiederum ist durch einen früheren Korrespondenten des ARD-Hauptstadtstudios vertreten.

Internetradio aus der Schweiz

Überhaupt Kontrafunk: Der Sender mit Sitz in der Schweiz lebt vom Image, Positionen zu Ge-

Entwicklung der durchschnittlichen Auflage von Regional- und Lokalzeitungen

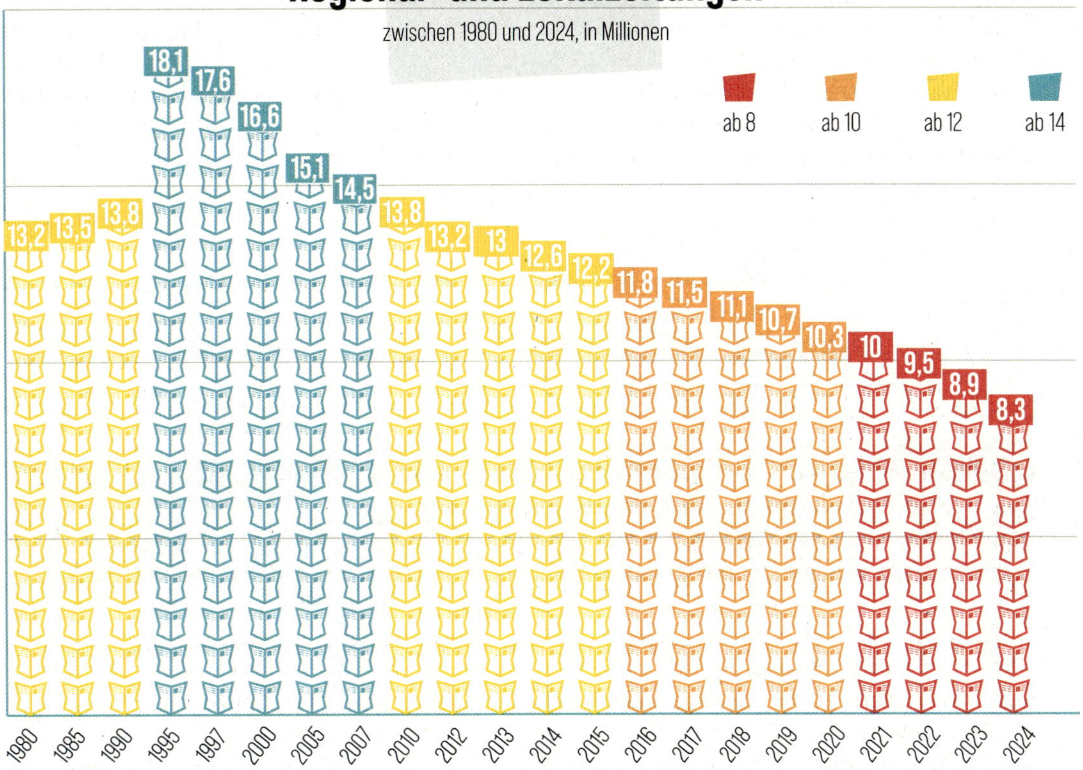

hör zu bringen, „die von den Regierungsmedien ausgeblendet werden". Gründer und Chefredakteur ist Burkhard Müller-Ullrich, ehemals beim *Deutschlandfunk*. Er verlegte 2023 im Verlag der Dresdner Buchhändlerin Susanne Dagen, einer Schlüsselfigur der Neuen Rechten in Sachsen, das Buch *Medienmärchen*. Im Vorwort unterstellt er vor allem den öffentlich-rechtlichen Medien „gesinnungsmäßiges Mainstreaming". Er schreibt: „Das ganze Rundfunkbiotop ist gekippt. Versifft, verseucht, unsanierbar."

Heute gehören zum Moderationsteam von Kontrafunk unter anderem der frühere langjährige Spiegel-Autor Matthias Matussek sowie Birgit Kelle, die mit ihrem Buch *Gendergaga* 2016 bei der CDU Sachsen zu Gast sein durfte. Sein Spendenkonto hat Kontrafunk bei der Volksbank im sächsischen Pirna – ebenso wie das neu gegründete BSW und russische Propagandamedien.[15]

Als Kontrafunk im Juni sein zweijähriges Jubiläum in der Dresdner Messehalle feierte, kauften 3.000 Menschen Eintrittskarten zum Preis von 39 Euro. Festredner war die ehemalige *ZDF*-Größe Peter Hahne. Er sagte: „Ohne den Kontrafunk lebten wir im Tal der Ahnungslosen und in einem dauernden Funkloch bezüglich Wahrheit und Vernunft." Hahne zeigte auf eine Karte zur Europawahl im Juni: der Osten blau eingefärbt, der Westen schwarz. Nun sei Westdeutschland das neue Dunkeldeutschland.

Zwei Monate zuvor hatte die *Sächsische Zeitung* über einen Auftritt in der beliebten MDR-Talkshow *Riverboat* berichtet. Hahne habe dort „alle Hemmungen fallengelassen". Der Ex-Moderator fabulierte demnach von „Schulklassen, die zu 99 Prozent [aus] Migranten" bestünden. Er nannte die Bundesregierung „irre" und den Verfassungsschutz „Stasi". Moderator Klaus Brinkbäumer wusste, wen die Redaktion eingeladen hatte. Er kündigte Hahne mit den Worten an: „Unser nächster Gast hat etwas hervorgerufen, was wir in dieser Form selten erleben, nämlich einen Sturm der Begeisterung ebenso wie einen Sturm der Ablehnung, als wir ihn nur angekündigt haben."[16]

Warum lädt der öffentlich-rechtliche Rundfunk Leute in seine Sendungen ein, die den öffentlich-rechtlichen Rundfunk verabscheuen? Warum wird die fatale, von Parallelmedien bediente Geschichte, wonach der Meinungskorridor in Deutschland immer enger werde, teilweise auch von etablierten Medien mitgeschrieben? Im April beklagte Anne Hähnig in einem Kommentar in der *Zeit* mangelnde Vielstimmigkeit in den deutschen Medien. Beispielsweise in Texten zu Waffenlieferungen an die Ukraine werde ein

(15) Von Salzen, Claudia; Kluge, Christoph: Spenden für Parteigründung: Sahra Wagenknecht, eine Bank in Sachsen und deren seltsame Kunden, auf: tagesspiegel.de (26.11.2023).

(16) Reinhard, Oliver: Verfassungsschutz ist „Stasi", Regierung „irre": Peter Hahne pöbelt bei „Riverboat", auf: saechsische.de (28.4.2024).

Konsens suggeriert, den es in Deutschland nicht gebe: „Die Meinungsmonotonie ist ja kein neues Phänomen. Sie ließ sich so ähnlich auch zu Zeiten der Migrationspolitik 2015 und der Coronapandemie beobachten." Jetzt aber liefen nicht nur der öffentlich-rechtliche Rundfunk, sondern auch Zeitungen oder das Privatfernsehen Gefahr, „einen Teil des Publikums an neurechte Portale zu verlieren".[17]

Derweil werten immer wieder auch Politiker der demokratischen Parteien „Alternativmedien" auf, indem sie ihnen Interviews geben. Etwa Sachsens Ministerpräsident Michael Kretschmer (CDU), für den das „Mit Rechten reden" zum festen Konzept gehört. In einem Gespräch mit dem Portal Nius im Februar nannte er es „demokratiezerstörend", dass die Ampel-Regierung nach der Correctiv-Recherche zum Potsdamer Geheimtreffen zu Protesten gegen Rechts aufgerufen habe, zugleich aber die Teilnehmer der Bauernproteste beschimpfe.

Christian Lindner empört die Taz

Im Juni gab der FDP-Chef und damalige Bundesfinanzminister Christian Lindner Nius ein Interview. Nach Kritik daran verteidigte er sich auf der Plattform X damit, zuvor auch mit der Taz gesprochen zu haben: „Die Pluralität der Medienlandschaft ist ein hohes Gut." Das NDR-Medienmagazin *Zapp* kritisierte daraufhin: „Lindners Aussage impliziert, dass beide Medien gleichwertige Pole in der pluralen Medienlandschaft sind. Doch das ist nicht der Fall: Die taz arbeitet nachweislich nach journalistischen Standards, Nius hingegen fällt regelmäßig durch Falschinformationen, Unterstellungen und reißerische Berichte auf."[18]

Auch die Taz-Chefredakteurinnen Barbara Junge und Ulrike Winkelmann äußerten sich im Blog ihrer Zeitung irritiert und ratlos über Lindner und seinen Nius-Taz-Vergleich. Im Gegensatz zu Nius sei die Taz ein journalistisches Medium, das presseethische Grundsätze beachte. „Bei Nius handelt es sich um eine unappetitliche, rechtslastige Website", schrieben Junge und Winkelmann. Zur Begründung des Interviews nun „‚Pluralität', also die Pressefreiheit zu bemühen, die unsere Demokratie von Autokratien und Diktaturen so essentiell unterscheidet, schmerzt unbeteiligte Zuschauerinnen wie uns".[19]

Die Aufzählung ließe sich noch lange fortführen. Zusammengefasst: Das Land rutscht nach rechts, radikale Kräfte gewinnen. Doch weder die Medien noch die Politik sind gut aufgestellt, um sich dem energisch zu widersetzen. Und die AfD? Sie hat mit Erfolg eigene Netzwerke geknüpft, was wichtig ist für die Mobilisierung nach innen. Um erfolgreich zu sein und eine breite Wirkung zu erzielen, braucht sie die Wechselbeziehung mit den klassischen Medien. Die sollten der extremen Rechten nicht in die Falle gehen.

MATTHIAS MEISNER
FREIER JOURNALIST UND AUTOR

(17) Hähnig, Anne: Zu gut gemeint, auf: zeit.de (25.4.2024).

(18) @ZappMM: Beitrag vom 2.7.2024, 12:40 Uhr, auf: x.com.

(19) Junge, Barbara; Winkelmann, Ulrike: taz-Chefredaktion schreibt an Christian Lindner, auf: blogs.taz.de (1.7.2024).

Trock’ne Zahlen

Jährliche Kosten für deutsche Sozialkassen und Gesundheitswesen durch die Folgen von Alkoholkonsum, in Euro

57 Milliarden

Jährliche Kosten für deutsche Sozialkassen und Gesundheitswesen durch die Folgen von Tabakkonsum, in Euro

97 Milliarden

Ausgaben des Bundeshaushalts 2024, in Euro

476,8 Milliarden

Quellen: deutschlandfunk.de; bundesfinanzministerium.de

Wahrscheinlichkeit eines Gymnasialbesuchs

2024, in Prozent der 10- bis 18-Jährigen

Kinder aus Familien mit niedrigerem gesellschaftlichen und wirtschaftlichen Status
weder ein Elternteil mit Abitur noch oberes Viertel der Haushaltseinkommen

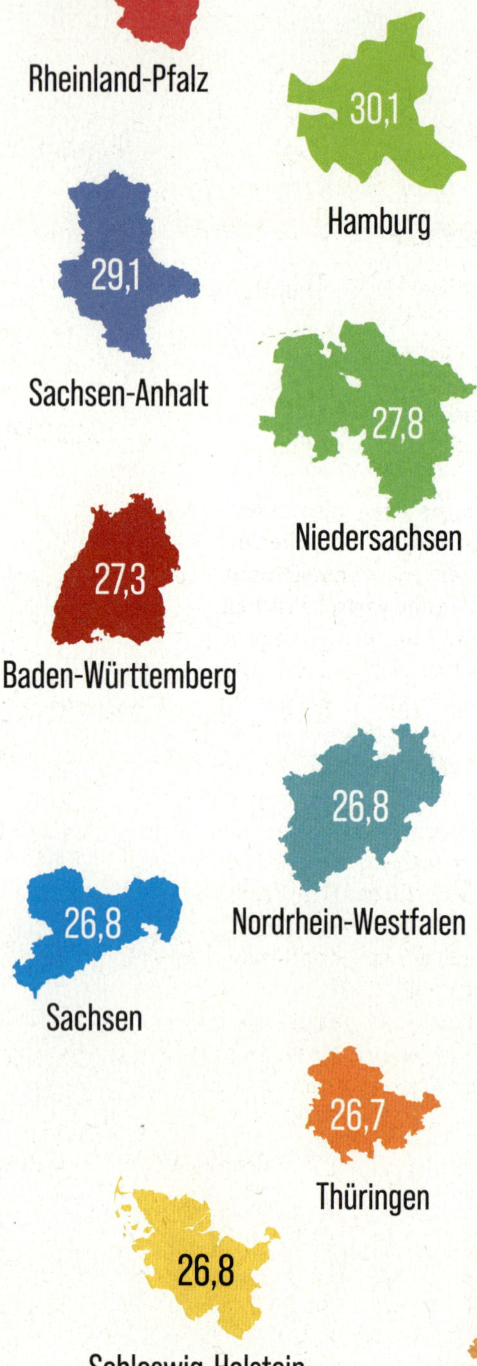

STUDIE

Wohlhabende Familien fördern eher die Kinder mit schlechteren Noten

Studie: „Compensation or accentuation? How parents from different social backgrounds decide to support their children" von Philipp Dierker und Martin Diewald (Februar 2024)

Kurz: Wie stark Eltern ihre Kinder fördern, unterscheidet sich je nach Schulnoten des Kindes und Einkommen der Familie.

Ein Großteil der bisherigen Forschung hat gezeigt, dass Eltern ihre Kinder je nach deren Entwicklungspotenzial unterschiedlich stark unterstützen. In der Theorie gibt es dafür zwei Erklärungsansätze: Entweder fördern Eltern vorrangig die vielversprechendsten ihrer Kinder, also jene, von denen sie später einen höheren „Ertrag" erwarteten, anstatt alle Kinder gleichermaßen. Diese Strategie wird als *Akzentuierung* bezeichnet. Oder aber die Eltern versuchen, die Ungleichheit unter den Geschwistern zu verringern, indem sie ihre weniger leistungsstarken Kinder mehr fördern, was *Kompensation* genannt wird.

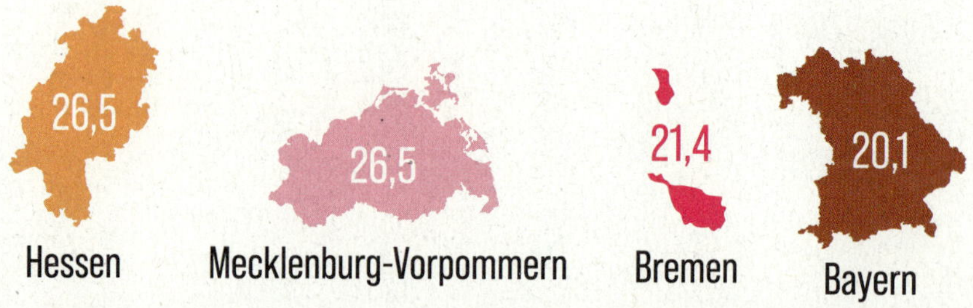

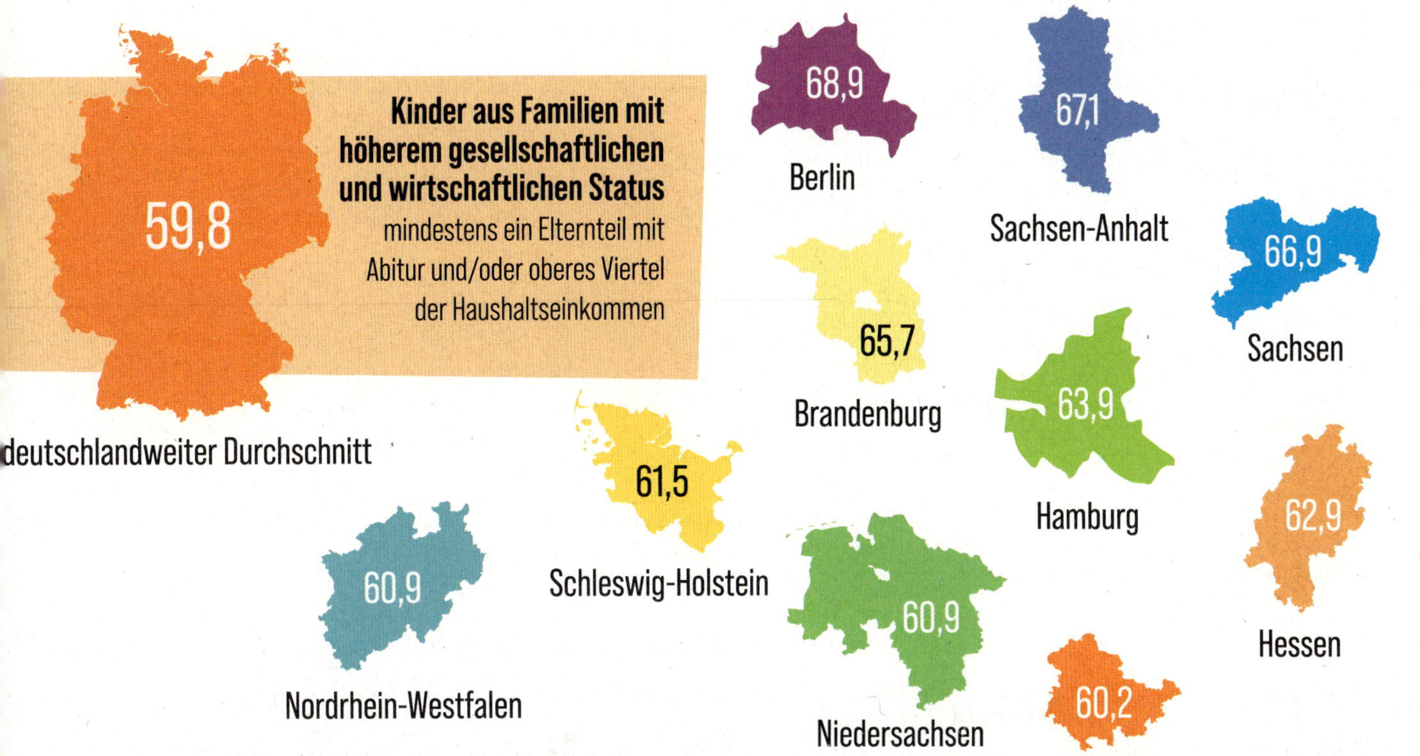

Für welche Strategie sich die Eltern entscheiden, so die Annahme in der Forschung, hängt dabei vom sozioökonomischen Status der Familie ab: Während Eltern mit höherem Einkommen eher das Kind mit schlechteren Schulnoten unterstützen, womöglich um einen späteren sozialen Abstieg des Kindes zu verhindern, kümmern sich Familien mit niedrigem sozioökonomischen Status eher um das Kind mit den besten Aufstiegschancen.

In einer dieses Jahr erschienenen Studie von Forschern des Max-Planck-Instituts für demografische Forschung sollte diese These untersucht werden. Dabei konzentrierten sie sich nicht auf die geistigen Fähigkeiten der Kinder, sondern darauf, wie Eltern auf gute oder schlechte Schulnoten reagieren. Drei „Unterstützungskategorien" wurden unterschieden: schulische Hilfe und Kommunikation; Formulieren von akademischen Erwartungen und Ermutigungen; Fördern der außerschulischen intellektuellen und kognitiven Entwicklung, etwa durch gemeinsames Lesen.

Für die Studie wurden Daten aus den ersten drei Erhebungswellen der deutschen *Twin-Life*-Studie verwendet, nämlich die Ergebnisse zu den Geburtsjahrgängen 2003/2004 für eineiige und zweieiige gleichgeschlechtliche Zwillinge. Bei der ersten Welle waren die Kinder durchschnittlich 11, in der dritten 13 Jahre alt. Die Kinder wurden dazu befragt, wie sehr sie von ihren Eltern unterstützt werden. Auf eine Befragung der Eltern wurde verzichtet, da sie eine ungleiche Behandlung ihrer Sprösslinge womöglich nur ungern zugegeben hätten.

Im Ergebnis wurden die oben genannten Thesen nur teilweise bestätigt. Die Untersuchung zeigte zwar einerseits, dass Familien mit höherem gesellschaftlichen und wirtschaftlichen Status tatsächlich das Kind mit den schlechteren Noten eher fördern, seine Entwicklung also kompensieren wollen. Die andere Vermutung hingegen, dass Familien aus niedrigeren Einkommensschichten die Kinder mit den besseren Noten und damit besseren Aufstiegschancen besonders unterstützen, bestätigte sich nicht: Alle Kinder, ob sie gute oder schlechte Schulnoten hatten, erfuhren von ihren Eltern das gleiche Maß an Unterstützung.

Diese Ergebnisse sind deshalb bedeutsam, weil elterliche Strategien zur Förderung oder Kompensation schulischer Leistungen die „soziale Mobilität" – also die gesellschaftlichen Aufstiegschancen – ihrer Kinder beeinflussen können.

Studiendesign

Stil	quantitativ
Messzeitraum	Längsschnitt
Erhebung	vorhandene Daten
Veröffentlichung	Fachzeitschrift

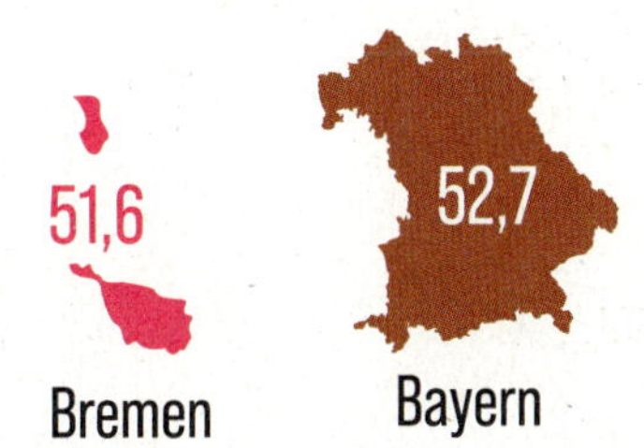

POLITISCHE KORREKTHEIT

Jim Knopf, Pippi Langstrumpf und jetzt auch noch Rembrandt!

Political Correctness, Cancel Culture, Wokeness – verschiedene Bezeichnungen, ein gemeinsamer Kern: alles Strategien, die sich um eine diskriminierungsfreie Gesellschaft und vor allem Sprache bemühen. Ob das Vorgehen immer zielführend ist, soll hier nicht beantwortet werden. Allerdings fühlen sich immer wieder Menschen eingeschränkt oder bevormundet, wenn etwa bestimmte Worte mit einem Tabu belegt werden. Die Fronten verhärten sich spürbar, wenn es ans „Kulturgut" geht. Vor einigen Jahren und seitdem immer mal wieder stritt und streitet die Öffentlichkeit beispielsweise um den Umgang mit diskriminierenden Bezeichnungen für Schwarze Menschen in den Kinderbüchern *Pippi Langstrumpf* oder *Jim Knopf.* Mittlerweile haben die Verlage in Neuauflagen unter anderem das sogenannte N-Wort ersetzt.

Unlängst haben sich die Staatlichen Kunstsammlungen Dresden der woken Cancel Culture gebeugt und jahrhundertealte Kunstwerke umbenannt. Die Boulevardzeitung *Bild* schrieb daraufhin von Zensur. Nicht einmal vor Rembrandt haben die selbsternannten Kulturkrieger haltgemacht. Eine Kaltnadelradierung mit dem Titel *Die liegende N…* (Titel für diesen Text zensiert) von 1658 heißt jetzt: *Liegende nackte Frau.* Das darf ja wohl nicht wahr sein!

Die langweiligen Fakten hinter dieser Geschichte: Rembrandt hatte der Grafik gar keinen Titel gegeben, der wurde dem Bild irgendwann nachträglich verliehen. Und: Die Forschung hat herausgefunden, dass es sich bei dem Rückenakt nicht um eine Frau mit „dunkler Körperfarbe" handelt, sondern vielmehr um eine weibliche Person mit „heller Körperfarbe", wie das Kuratorium schreibt. Die Frau liegt einfach im Schatten. ♦

Trock'ne Zahlen

Anteil der Bevölkerung, den die Menschen in Deutschland
für Zugewanderte halten, in Prozent

27

Anteil der Zugewanderten
an der Bevölkerung Deutschlands, in Prozent

19

Quellen: IOM 2022, Ipsos 2023

Tick, Trick und Track in verschiedenen Sprachen

Was bedeutet unsere Studieneinordnung?

KATAPULT stellt Studien vor. Aber: Studie ist nicht gleich Studie. Je nachdem, wie die Fragestellung der Untersuchung lautet, wählen die Wissenschaftler:innen das „Studiendesign“. Hier gibt es zahlreiche Möglichkeiten:

Es können beispielsweise sehr wenige Menschen ganz genau und individuell befragt werden (qualitative Forschung) oder viele Menschen mit den gleichen, genau festgelegten Instrumenten (quantitative Forschung). Die Anzahl der Befragten (Stichprobengröße) kann sich also von Studie zu Studie enorm unterscheiden. Wichtig ist, dass eine Stichprobe repräsentativ für die Zielpopulation ist, also die Gruppe Menschen widerspiegelt, über die eine Aussage gemacht werden soll. Das können zum Beispiel die Einwohner:innen Berlins sein oder alle Frauen mit Einwanderungsgeschichte in Westeuropa. Eine gute Methode hierfür ist, die Personen zufällig auszuwählen, sodass sich Stichprobe und Zielpopulation nicht systematisch voneinander unterscheiden.

In der Sozialwissenschaft werden aber nicht nur Menschen untersucht, oft geht es um andere „Beobachtungseinheiten“ wie Länder, Regierungsformen, die Anzahl der Kriege, die ein Land geführt hat, oder auch die Amtszeit von Regierungschefs. Auch hier sind die Stichprobengröße und die Repräsentativität von Bedeutung, denn sie bestimmen, neben anderen Faktoren, wie aussagekräftig eine Studie ist.

Viele Studien sind sogenannte Querschnittstudien, das heißt, zu einem Zeitpunkt werden verschiedene Informationen erhoben. Bei manchen Fragestellungen ist es aber wichtig, Personen oder andere Untersuchungseinheiten zu unterschiedlichen Zeitpunkten zu befragen, um Veränderungen messen zu können. Solche Studien heißen Längsschnittstudien.

Die Forschungsfrage, die mithilfe der Untersuchung beantwortet werden soll, beeinflusst die Art der Erhebung. In vielen Fällen erfassen die Wissenschaftler:innen die Informationen mit einem Fragebogen (Umfrage) oder nutzen bereits vorhandene Daten, wie zum Beispiel Wahlergebnisse oder das Durchschnittseinkommen von Personen. In manchen Fällen nehmen die Proband:innen auch an einem Experiment teil – zum Beispiel einem Rollenspiel. Diese künstliche Situation ist nötig, wenn das Verhalten, das man untersuchen möchte, nur schwer zu untersuchen ist, weil es beispielsweise nur selten gezeigt wird.Nicht zuletzt bestimmt die Fachrichtung, welches Design gewählt wird. Studien in der Politikwissenschaft sehen oft anders aus als solche in der Medizin oder in den Naturwissenschaften. Bei allen gilt aber: Bevor sie in einer Fachzeitschrift erscheinen, durchlaufen sie verschiedene Prüfungen. Ein gängiges Verfahren hierfür ist das peer review. Wissenschaftler:innen des gleichen Fachgebiets kontrollieren die Sinnhaftigkeit und die korrekte Interpretation der Forschung. Doch nicht jede Befragung oder Untersuchung wird in einer Fachzeitschrift veröffentlicht. Manche Ergebnisse werden lediglich in Berichten oder Jahresreporten publiziert.

Wichtig: Werden Studien von Parteien oder Interessenverbänden in Auftrag gegeben, kann es sein, dass die Personen, die sie durchführen, nicht unvoreingenommen sind und ein Interesse daran haben, wie die Untersuchung ausgeht. Das muss beim Interpretieren der Ergebnisse bedacht werden.

Studiendesign

- Stil
- Dauer
- Erhebung
- Veröffentlichung

CORNELIA SCHIMEK
KATAPULT

IMPRESSUM

KATAPULT-MAGAZIN
Katapult-Magazin gGmbH,
Wilhelm-Holtz-Straße 9, 17489 Greifswald

REDAKTION & GRAFIK FÜR DIESE AUSGABE
Jonathan Dehn, Stefanie Malleier, Cornelia Schimek, Travis Sauer, Ella Daum, Anna Hansen, Jasemin Uysal, Stefanie Schuldt, Alexander Fürniß, Ole Bohm, Vinz Rauchhaus, Tim Ehlers, Burak Başkaya

LEKTORAT
Philipp Bauer

LAYOUT
Burak Başkaya, Tim Ehlers

ABOSERVICE
Jonas Bauten, Jasemin Uysal, Stefanie Schuld
+49 176 56 99 89 44 (Mo-Fr 9-16 Uhr),
abo@katapult-magazin.de

AUFLAGE
100.000

DRUCK
Westermann DRUCK | pva

VERTRIEB
IPS Pressevertrieb GmbH

GESCHÄFTSFÜHRUNG
Nasrin Morgan, verantwortlich gemäß §18 Abs. 2 MStV

HERAUSGEBER
Benjamin Fredrich

ISBN 978-3-948923-98-3
ISSN 2509-3053

PRAKTIKER
Nataliia Dziuba, Lutz Fredrich, Andreas Portugal, Sergey Shykolai

ORGATEAM
Mike Kurth, Diana Kasten, Jan Dirk Spijker

PROGRAMMIERUNG & IT
Jan Erikson, Dirk Reske

KATAPULT MV
Philipp Bauer, Louise Blöß, Charlene Krüger, Patrick Hinz, Martje Rust, Lilly Biedermann, Victoria Flägel

KATAPULT-BUCHVERLAG
Sebastian Wolter, Felix Lange, Kristin Gora, Mara Sprengel

GEOPOLITIK-MAGAZIN PULTU
Fabian Sommavilla, Mascha Shykolai, Travis Sauer, Ole Bohm

KATAPULT-BUCHHANDEL CHEMNITZ
Fürstenstraße 19, 09130 Chemnitz
geöffnet Montag bis Samstag von 10 bis 18 Uhr

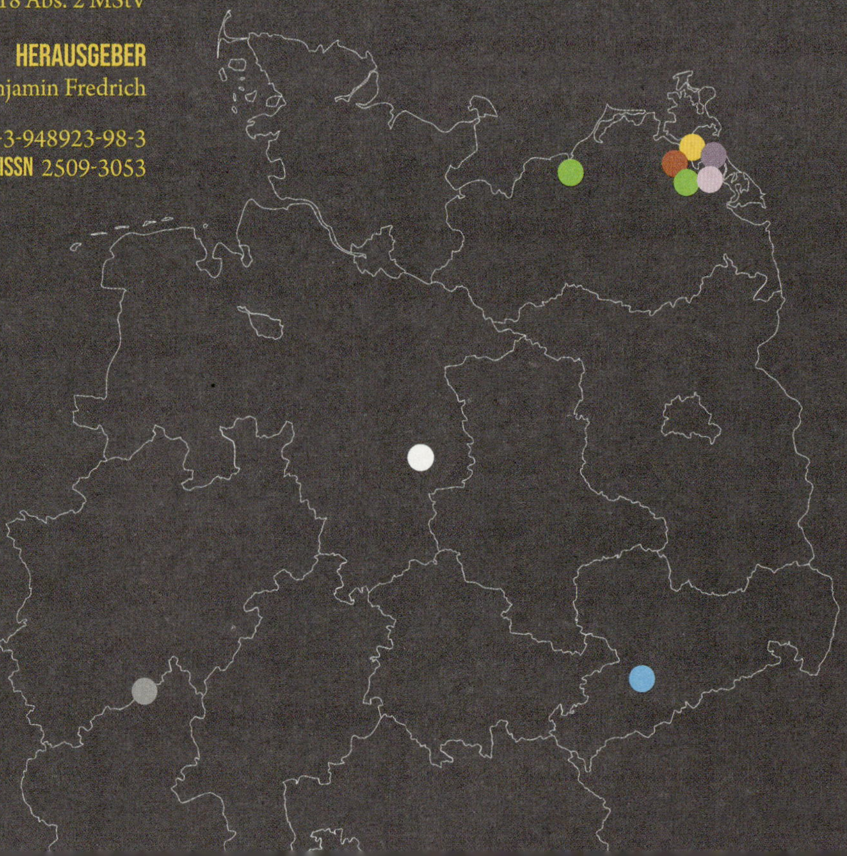

Quellen zu den Karten und Grafiken

- **Unterzeichnerstaaten des Washingtoner Artenschutzübereinkommens (S. 10):** cites.org.
- **Verbreitung der Gorillaarten (S. 11):** iucngreatapes.org.
- **Nordeuropäischer Abschlussdamm (S. 13):** Groeskamp, Sjoerd; Kjellsson, Joakim: NEED: The Northern European Enclosure Dam for if Climate Change Mitigation Fails, in: Bulletin of the American Meteorological Society, 101(7) 2020.
- **Betrugsfälle in der Forschung (S. 14/15):** Sabel, Bernhard: Fake-Mafia in der Wissenschaft. KI, Gier und Betrug in der Forschung, Stuttgart 2024, S. 27-37; eigene Recherche.
- **Zurückgezogene Forschungsartikel (S. 16/17):** retractionwatch.com.
- **Länder mit den meisten Studien, die unter Fälschungsverdacht stehen (S. 18/19):** Sabel 2024, S. 88.
- **Studien unter Fälschungsverdacht innerhalb der Länder (S. 21):** ebd.
- **Wachstum der Veröffentlichungen in der Medizin von 1996 bis 2023 (S. 22):** scimagojr.com.
- **Anteil der Haushalte, die mindestens einen Hund besitzen (S. 27):** statista.com.
- **Anteil der Lebendgeborenen, die vor ihrem 5. Geburtstag sterben (S. 29):** ourworldindata.org.
- **Regionale BIP in der EU (S. 30/31):** ec.europa.eu.
- **Cannabiskonsum in den USA (S. 32/33):** disa.com.
- **Wie viele Schwarze haben in den letzten fünf Jahren rassistische Diskriminierung erlebt? (S. 35):** Agentur der Europäischen Union für Grundrechte (Hg.): Being Black in the EU. Experiences of People of African Descent, Wien 2023, S. 58, 66.
- **Ideengeber der Neuen Rechten (S. 36-39):** Pfahl-Traughber: Intellektuelle Rechtsextremisten. Das Gefahrenpotenzial der Neuen Rechten, Bonn 2022; eigene Recherche.
- **Deutsche Nazis im Ausland (S. 40-41):** Bundestags-Drucksache 18/12264; BT-Drs. 18/13256; BT-Drs. 19/157; BT-Drs. 19/914; BT-Drs. 19/2489; BT-Drs. 19/3751; BT-Drs. 19/5543; BT-Drs. 19/8345; BT-Drs. 19/10326; BT-Drs. 19/12785; BT-Drs. 19/15318; BT-Drs. 19/18206; BT-Drs. 19/19465; BT-Drs. 20/121; BT-Drs. 20/3000; BT-Drs. 20/6802; BT-Drs. 20/8010; BT-Drs. 20/9180; BT-Drs. 20/11066; BT-Drs. 20/11331.
- **Alle Nationalparks und Naturschutzgebiete in Deutschland sind zusammen so groß / und alle Solarparks zusammen so (S. 45):** bfn.de; zsw-bw.de; eigene Berechnung.
- **Berufspolitiker und Politiker aus der Arbeiterklasse (S. 47):** Elsässer, Lea: Careerism and working-class decline: The role of party selectorates in explaining trends in descriptive (mis-) representation, in: Electoral Studies 59, 2024.
- **Anzahl Teilnehmende an Demos gegen Rechts (S. 51):** demokrateam.org.
- **AfD-Umfrageergebnisse (S. 52/53):** dawum.de.
- **Demos gegen rechts und von rechtsaußen (S. 53):** demokrateam.org; Bundestags-Drucksache 20/12492, BT-Drs. 20/11334.
- **Bündnisse gegen Rechts (S. 54):** demokrateam.org; eigene Recherche.
- **Akademische Freiheit (S. 56/57):** Katrin Kinzelbach, Staffan Lindberg, Lars Lott: Academic Freedom Index. Update 2024, FAU Erlangen-Nürnberg und V-Dem Institute, 2024.
- **Landtagswahlen 2024 (S. 60/61):** wahlen.brandenburg.de; wahlen.sachsen.de; wahlen.thueringen.de.
- **Anzahl der Amtssprachen weltweit (S. 66/67):** afrikaans-lernen.de; britannica.com; cia.gov; lexivox.org; eigene Recherche.
- **Zeitstrahl der Syphilis-Experimente in Guatemala (S. 68):** Presidential Commission for the Study of Bioethical Issues (Hg.): „Ethically Impossible". STD Research in Guatemala from 1946 to 1948, Washington September 2011, S. 116.
- **Proband:innen, die anhand der Cutler-Dokumente identifiziert wurden (S. 70):** ebd., S. 118.
- **An den Experimenten Beteiligte (S. 71/72):** ebd., S. 112-115.
- **Wahrscheinlichkeit, Schmerzmittel zu bekommen (S. 74/75):** Guzikevits, Mika u.a.: Sex bias in pain management decisions, in: PNAS 121(33) 2024.
- **Anzahl der Todesopfer von Zivilisten und Kämpfern in bewaffneten Konflikten (S. 76/77):** Sicherheitsrat der Vereinten Nationen (Hg.): Protection of civilians in armed conflict. Report of the Secretary-General, S/2024/385, 2024, S. 2-4.
- **Anzahl der Todesopfer von Zivilisten in bewaffneten Konflikten (S. 76):** unstats.un.org.
- **Netzwerk alternativer Medien (S. 80/81):** eigene Recherche.
- **Alternative Medien und wie sie die Wirklichkeit darstellen (S. 82/83):** Staender, Anna; Humprecht, Edda; & Esser, Frank: Alternative Media Vary Between Mild Distortion and Extreme Misinformation: Steps Toward a Typology, in: Digital Journalism 12(6), S. 837, 840.
- **Entwicklung der Anzahl lokaler Tageszeitungen in Deutschland (S. 84/85):** wuestenradar.de.
- **Entwicklung der durchschnittlichen Auflage von Regional- und Lokalzeitungen (S. 87):** ivw.de.
- **Wahrscheinlichkeit eines Gymnasialbesuchs (S. 90):** Wößmann, Ludger u.a.: Ungleiche Bildungschancen: Ein Blick in die Bundesländer, in: ifo Schnelldienst 77(5), 2024, S. 53.

Richtigstellungen zur 35. Ausgabe (Oktober-Dezember 2024)

- In der Grafik **„Stand Abos"** (**S. 4**) haben wir die Wappentiere von Brandenburg und Thüringen vertauscht.
- In der Grafik **„Weitere britische Orte, Grafschaften und Verwaltungsbezirke …"** (**S. 17**) ist das County Gloucestershire versehentlich als Insel im Norden Irlands kopiert worden.
- In der Grafik **„Olympische Gastgeberländer"** (**S. 30/31**) fehlt China 2008 und 2022.
- Die Studien **„Schlechte Noten durch gutes Aussehen"** (**S. 56**) und **„Videospiele: Hände weg vom Controller"** (**S. 57**) wurden bezüglich des Studiendesigns einem falschen Stil zugeordnet. Es handelt sich jeweils um quantitative Studien.
- Die Jahreszahl der Grafik **„Pendlerstädte"** (**S. 69**) ist falsch. Die Daten beziehen sich auf das Jahr 2023.
- Der **Grafik auf der Seite 70** fehlt die Überschrift. Dargestellt sind die beliebtesten Verkehrsmittel für den Arbeitsweg.
- Bei den **Trock'nen Zahlen auf der Seite 72** müssen die Quellen ergänzt werden: diakonie.de; deutschlandatlas.bund.de.
- Im Text **„Die Deutsche Feuerwehr: Zwischen Superheldenstatus und Imageproblem"** (**S. 73-77**) ist zu ergänzen, dass die Feuerwehren nicht nur durch die Bundesländer finanziert werden. Nur rund ein Drittel der Gesamtkosten werden von den Ländern getragen. Darunter fallen unter anderem der Neubau und die Erweiterung von Feuerwehrgerätehäusern sowie der Kauf neuer Einsatzfahrzeuge. Ausbildung, Ausrüstung und Personalkosten werden meist von den Gemeinden und Städten bezahlt.
- Der **Text zur Saarlandgrafik „1920"** (**S. 88**) wurde abgeschnitten. Der letzte Satz muss lauten: Stattdessen erhält Frankreich die Rechte an den dortigen Zechen als Entschädigung für die im Krieg erlittenen Zerstörungen.

WO iST WAFFEN-

Auf dem Bahnhofsvorplatz ist die Hölle los! Findest du Walter

Titanic